······································

"Quelle malchance que cette guerre ait interrompu le cyclisme. Pas de Tour de France pendant quatre ans, et ce dans mes meilleures années. Sans cela, j'aurais pu gagner au moins deux Tours de plus!"

Philippe Thys

······································

Couverture ◀ Le vainqueur Philippe Thys après l'arrivée de la
12e étape du Tour de France 1920 à Strasbourg.

© 2014 Johan Van Win

LES ILES PUBLISHERS
www.lesiles.be
lesilespublishers@gmail.com

VERSION FRANÇAIS :
ISBN: 9789491545788

VERSION ORIGINALE EN NÉERLANDAIS :
ISBN: 978-94-91545-15-3
WD: 2014/12.833/18

Photos: archives Les Iles, WIEMU Roeselare, Belga, BNF Gallica, Presse Sports,
Sportimonium, Jammart, Daniel Lebrun Archive, Johan Van Win Archive.Design: Gunter

Segers - www.guntersegers.be

PHILIPPE THYS

JOHAN VAN WIN

LE TRIPLE VAINQUEUR OUBLIÉ DU TOUR DE FRANCE

Introduction
Altitude 100

Chaque année, quelqu'un ou quelque chose d'intéressant fête ses 100 ans. Il y a quelques années, c'était le tour de la 100e édition du Tour de France. Les anniversaires qui font l'objet d'une rétrospective médiatique ne se comptent plus. L'historiographie peut être très sélective. Seules les platitudes immortelles sont rafraîchies. La complaisance répétitive prend trop souvent le pas sur les choses intéressantes non exposées. Les chances que quelqu'un allume une torche sur ce sujet sont de plus en plus faibles.

Où se trouve le portrait de Philippe Thys dans la galerie du cyclisme ? Le triple vainqueur du Tour de France, originaire du pourtant sportif Anderlecht (à Bruxelles, Belgique), n'a jamais reçu de livre en cadeau pour ses meilleures performances. Thys n'était pas le coureur le plus accessible de son époque. Il était même un peu en décalage avec son temps : il regardait toujours l'heure et ne pouvait pas résister aux gros morceaux de lard gras et aux frites.

Philippe était un grand gentleman, capable de régner et d'être condescendant dans la course comme Merckx ou Hinault. Toujours avec modération. Il n'avait pas besoin de se surpasser pendant des semaines pour être lui-même heureux. Introverti, Thys préférait s'habiller immédiatement après un exploit soigneusement choisi en un chiffre stoïque du genre Anquetil ou Indurain. Il fait certainement partie de cette liste de tueurs de tours.

L'athlétique Bruxellois a remporté le Tour en 1913, 1914 et 1920. Quatre années cruciales ont été perdues pendant la Grande Guerre, bloquant son compteur du Tour à trois. Louison Bobet a réussi à égaler cette série de victoires trois décennies plus tard. Thys était un modèle de régularité et de planification. Il possédait toutes les qualités naturelles nécessaires à un coureur du Tour et n'était que très rarement impulsif ou imprudent. Pourtant, la perception d'une évidence autour de victoires supplémentaires bricolées nécessite une mise en perspective. À l'époque, le Tour présentait des caractéristiques imprévisibles et désagréables. Quiconque gagnait le Tour dans ses années pionnières pouvait facilement le perdre dans 10 des 15 étapes de la même année. Les marées pouvaient durer des heures et étaient quotidiennes. Ruptures de roue, de guidon et de fourche, chutes sanglantes, pénalités douteuses, chutes à peine contrées, repas du soir avariés et canettes empoisonnées jalonnaient les 10 000 kilomètres d'accotement de la route.

Tous les candidats avaient un droit de tirage presque également abondant à la misère. De cette table de cotation émergeait un vainqueur, souvent plus faible cette année-là que son adversaire direct. Cet adversaire pouvait alors gagner l'année suivante ... lorsqu'un autre maître imbattable était dépassé par cette irrégularité dans cette zone de brouillard ... ou ne plus jamais gagner.

Quiconque lit les récits de course de l'époque et se laisse aller à des exagérations grossières pénètre les règles universelles du sport et le modèle de tous les temps cyclistes, que la route soit en asphalte plat comme un billard ou en silex pointu comme une montagne. Les phénomènes téméraires colorent le parcours mais finissent généralement sur la touche, au sens propre comme au sens figuré. Ceux qui n'ont pas d'alliés et qui n'ont rien à donner auront du mal à gagner. Ceux qui sont aussi bons presque tous les jours conduiront tôt ou tard l'opposition à l'échec. C'est aussi simple que cela. Thys l'avait merveilleusement compris. Après trois victoires, la probabilité s'écoule indubitablement et tranquillement dans les mathématiques statistiques. Même s'il semble que Philippe ait profité de ses connaissances sûres, la prudence reste de mise. Les traits de caractère des coureurs sont trop souvent exagérés et, après des comparaisons croustillantes avec d'autres générations, gonflés en une sublimante bouffée crémeuse. Mieux vaut donc manier une plume tremblante et dubitative, se contenter de raconter l'histoire et de ne regarder en avant ou en arrière que par la bouche.

Le papier journal de son époque n'était en rien à l'avantage du Belge de Peugeot. Jamais à volonté dans l'effort, jamais spectaculaire dans le marasme. Sec et incolore : tel devait être le problème. Van Wijnendaele a longtemps gardé un silence injuste sur Thys et n'a compris que tardivement que ce qu'il avait réussi nécessitait beaucoup de classe. Le patron du Tour, Desgrange, trouvait qu'il pédalait trop souvent entre les malchances des autres et les rédacteurs des gazettes francophones de Bruxelles étaient encore trop souvent sur la course de chevaux pour lui rendre justice.

Philippe est en gras dans tous les classements mondiaux. Ceux qui veulent en savoir plus sur lui sont renvoyés à une maigre note de bas de page en italique. À son époque déjà, il ne faisait pas bon être bruxellois. Le centre de pouvoir du pays jouissait certes d'un certain prestige, mais il abritait une population hétéroclite, qui n'était pas encouragée par un ardent mineur ou un crocheteur enraciné. Il ne manquait pas de tenanciers de bistrots qui donnaient des koerskes à Bruxelles. Il n'y avait pas non plus de sportifs à la mouche blanche d'été qui fréquentaient les foires de quartier. Les jeunes coureurs des garnisons urbaines exiguës faisaient briller leur vélo de course aussi vivement que leurs pairs d'ailleurs, rêvaient au Galibier et faisaient la course en solitaire à Roubaix. L'ère moderne, avec son béton et ses parkings, a rapidement chassé la course de la capitale. Personne n'en a tenu compte immédiatement. De nombreuses légendes bruxelloises sur et hors du vélo ont fait leurs adieux et ont plié un livre d'histoire vide.

On dit que Thys lui-même a un jour mis des choses sur papier et les a transmises pour qu'elles soient examinées ou utilisées. Sans conséquence. Pire, à un moment où aucune copie ne pouvait être faite. Si les notes sont retrouvées, certaines parties de ce livre sont ridiculement incomplètes. Tant qu'elles restent cachées, cette édition permet au moins de mettre un visage sur le passager clandestin musclé. Philippe y a d'ailleurs droit. A la fin de sa carrière cycliste, il a mis le vélo de course dans son carrosse sans hésiter et n'a plus jamais regardé dans le rétroviseur. Une piste d'espoir a conduit à son petit-fils et à sa belle-fille. Les entrepreneurs ambulants ne se sont pas assis assez souvent à la même table. Dommage que le fils Théo, qui en savait plus, soit mort bien trop tôt. Thys a, à lui seul, apporté son histoire en images et en objets au Musée du sport de Paris. Ce musée est fermé, et la collection emballée est maintenant en route vers une nouvelle maison à Nice. Letriple vainqueur n'a jamais facilité un travail autour de sa personne. Par pure politesse, il aurait trouvé l'effort de prendre son pouls maintenant au moins très gentil de notre part.

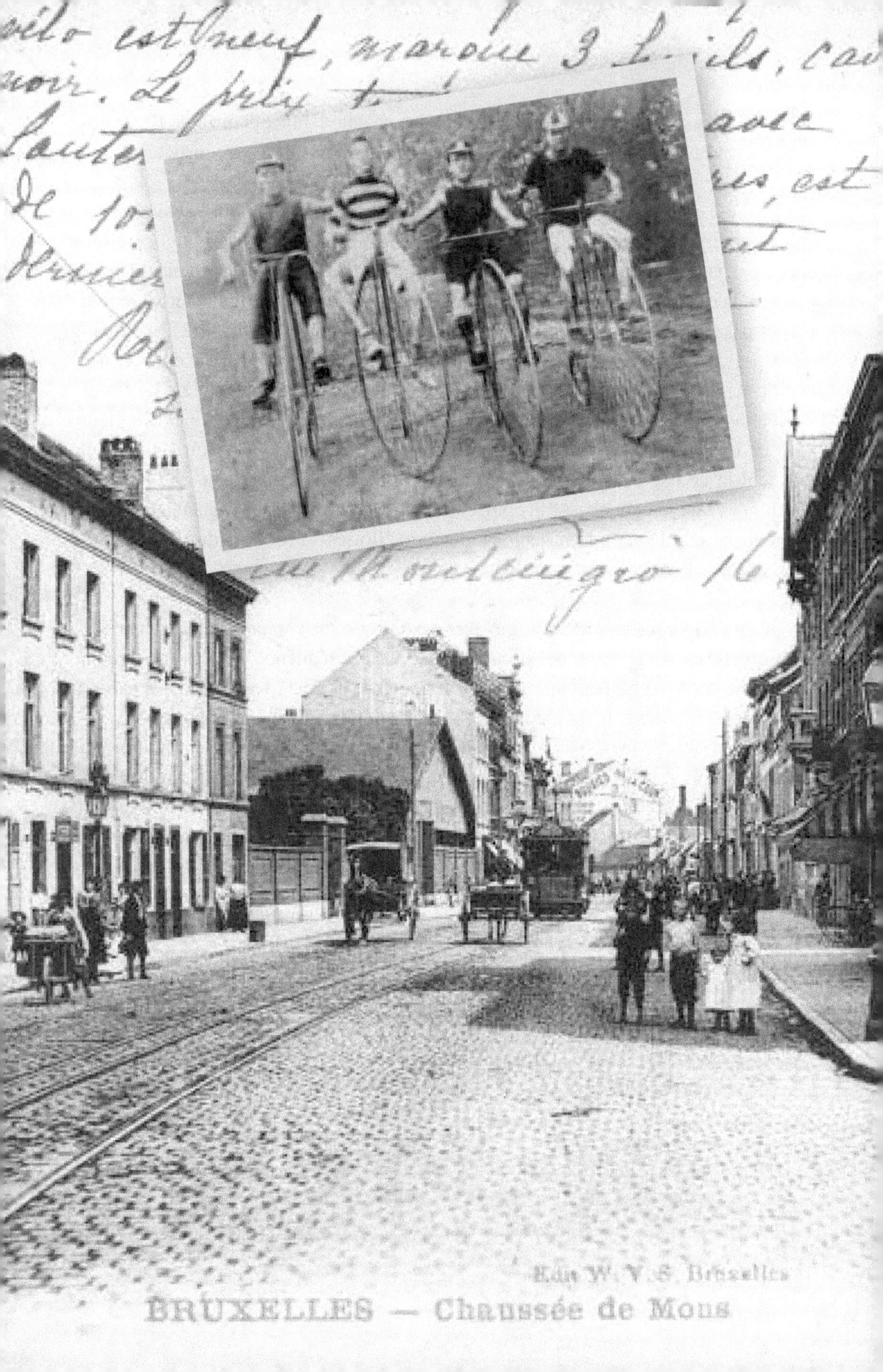
Edit W. V. S. Bruxelles
BRUXELLES — Chaussée de Mons

1889

Devant le pont de Willebroek

Une semaine après la vilaine chute d'Emiel De Beuckelaer - de la liqueur d'herbes Elixer d'Anvers - dans le championnat de Belgique de grand-bi, Caroline Van Grimbergen, une vraie Bruxelloise de 18 ans, donne naissance à Philippe Thys à Anderlecht. Nous sommes le 8 octobre 1889 au matin. Les premiers tramways chocolat (d'après leur couleur) circulent à Bruxelles depuis plusieurs années

Emile de Beuckelaer ▲

et les pères de Scheut sont partis en masse pour le Congo peu de temps auparavant. Début juillet de la même année, la cabaretière épouse Désiré Thys, de cinq ans son aîné. La mère de Caroline est issue d'une branche d'Anderlecht qui tient le café depuis des générations - avec un petit e bruxellois. Des gens de la classe ouvrière qui aiment faire du commerce et accumuler des connaissances en relations humaines. Poepa est tonnelier, un métier d'appoint bien pratique dans une famille d'aubergistes. Ils sont neuf enfants. La mère Marie tombera à nouveau enceinte à 47 ans, après que sa fille Line ait déjà donné naissance à son Philippe.

La flamme de Caroline, Désiré, est-elle entrée par soif dans l'auberge toute seule ? Une erreur de parcours lourde de conséquences ? Thys père est originaire de Willebroek. Ou du moins, il y est né en 1866 dans une famille de bateliers qui courait littéralement le long des rives du canal. La plupart du temps, ils naviguaient du Rupel à la porte d'Anderlecht et vice-versa. Tôt ou tard, ils tombaient sur un bateau qui arrivait en sens inverse. C'est ainsi que Desiré a été créé, en mouvement. Non pas dans l'obscurité d'une cabine de bateau étouffante, comme le montreront plus tard ses qualités athlétiques, mais sous un ciel sain et dégagé. A côté de la berme de chardons de la voie d'eau, près du Nattenhaesdonck englouti. Grâce au travail de persuasion du père, né dans la paroisse de Ruisbroek, dans le canal du Petit-Brabant, avec une casquette de bateau. Par l'impuissance douteuse de la mère, fille de skipper de la capitale, qui veut et ne veut pas et ne veut pas et finalement aime. Une sirène séduisante à la proue ? Ce n'est guère romantique, mais la probabilité qu'elle ait dû tirer la péniche, harnachée comme un cheval humain, est bien plus réaliste.

Le fier skipper s'amarre à Willebroek pour que sa femme Agnes puisse donner naissance au petit. Leurs cinq enfants naîtront dans quatre endroits différents, jusqu'en Wallonie. Une fois adolescent, Diseré sortira de son existence prescrite de nomade aquatique. Il veut apprendre un métier et vivre dans une vraie maison. C'est à son tour de séduire une jeune Zinneke.

Il en résulte une allégeance de "musts", comme on l'appelle dans la langue vernaculaire locale. Le fait que la conception ait précédé la diffusion de l'évangile et du code civil n'a rien d'exceptionnel à l'époque. Ce n'est pas non plus déshonorant, même si le degré de bien-être maternel est pris comme étalon par les tantes commères omniprésentes aux podes de l'église et de la mairie pour exprimer, plus ou moins, une honte par procuration.

Ce même jour de juillet, le tout nouveau couple s'installe au 115, Chaussée de Mons, au cœur du quartier de Cureghem. C'est à Bruxelles, dans le Kermis, que Thyske commence sa carrière de cycliste, le jour de l'ouverture de l'hippodrome de Groenendaal, qu'il rentabilisera plus tard en fournissant suffisamment de parieurs. Le plus long green du monde sera bientôt le paradis et l'enfer pour beaucoup. Trois mois plus tard, le fils d'un modiste fier de l'être respire pour la première fois la Brettanomyces Bruxellensis et la Lambicus. La famille n'est pas vraiment aisée. Mais le père Désiré est un homme sûr de lui, un ouvrier commissionné qui sait transmettre l'amour de son métier. Flup ne vient pas au monde pour les proles blasés, qui se demandent après chaque gin rush à quoi sert vraiment la vie. Au cours de l'été 1890, la jeune famille déménage volontiers dans la rue Prévinaire, un quartier beaucoup plus calme situé près du faisceau ferroviaire et du canal. A cet endroit, Anderlecht est encore un amalgame de ville et de campagne, dont le vert est définitivement terni par les usines de briques et les hangars cadavériques.

▲ Chaussée de Mons, Anderlecht.

Les mères peuvent raconter de belles histoires. De ce qui se trouve au-delà du coin de la rue et qui était autrefois bien plus idyllique. Des prairies pâles et des routes au milieu des prairies fleuries, le long desquelles les citadins se promenaient jusqu'aux trois îles de la Zenne. Des portes d'entrée accueillantes des maisons d'Anderlecht blanchies à la chaux, qui se trouvaient alors exclusivement dans le prolongement du Pajottenland et tournaient délibérément le dos à la ville. Les hommes traînaient encore dans les prés, sur les rives des bras de la Zenne et le long des chemins du Pedebeek.

Elle se jetait dans la rivière à l'ancienne ferme de l'île, où les servantes tondues avaient l'habitude de jeter deux par deux des carreaux de munitions sur de longues tables en été, dans la cour du doening. C'était le rituel de l'été, dans les premières heures sans nuages de ce qui allait bientôt devenir un dimanche chaud, avant l'arrivée de la steppe et des mademoiselles coquettes. Aux moulins de la Middelzenne et à la ferme aux loups de Bollickx (où la Zenne bruxelloise coule encore aujourd'hui en surface), faire le point sur la quantité de geuven et de goujons attrapés était une sortie citadine classique. Dans les tavernes situées le long de la voie d'eau, le poisson figure depuis des années au menu : sous forme d'amuse-gueule frit semblable au bouchterink ou froid à l'escabèche. Chez les Thys, on n'est plus enclin à manger cette nourriture à moitié contaminée qui ne comporte que la tête et les arêtes. La toile soigneusement brossée et pleine de joie rurale a été brutalement entaillée et arrachée par les excavations pour l'élargissement de l'axe ABC (Anvers-Bruxelles-Charleroi).

Le canal élargi forme une méchante barrière et un embouteillage Indiennne de fermes de coton entoure bientôt la blessure sombre et morose sur plusieurs kilomètres.Gais comme un canal : Brel chantera plus tard. Le barrage de l'autre côté et la vallée du Broekbeek, nourricière des étangs d'Aumale, est cédée et morcelée. Le Quartier Birmingham et Cureghem deviennent d'importants quartiers communaux. Plus loin dans Molenbeek commence le Petit Manchester, un enchevêtrement industriel intense qui rappelle la ville industrielle britannique. De l'autre côté des ponts du canal, pour la population d'origine, la ville commence. Pendant la petite enfance de Thys, 30 000 personnes vivent déjà de ce côté du canal. Dès ses premiers pas, le petit garçon attire l'attention sur les activités physiques de loisir. C'est tout à fait exceptionnel pour l'époque. Le sport en est encore à ses balbutiements.

Les gens, après une longue journée de travail et le désherbage d'un petit potager, sont souvent trop fatigués pour remplir leur dernière stonde d'efforts. La plupart d'entre eux souffrent d'un manque de disposition chronique et parviennent à peine à accomplir les choses les plus nécessaires. Le vélo est à la mode et très cher : c'est le privilège des citoyens aisés. De jeunes dandys, de charmants oisifs et de futurs avocats aux riches papas créent des clubs de cyclisme.

Les sorties dominicales, les pique-niques et les chasses au papier sont les activités typiques du club. L'homme peut enfin se déplacer de manière autonome grâce à la mécanique et tracer sa propre route. La réparation des pneus reste précaire et une tache sur l'immense joie de se déplacer.

Les clubs de cyclisme d'élite sont des rassemblements de réseaux, de nouveaux environnements de remplacement pour les confrontations liées au travail. Les loisirs sont nés : des dimanches complètement détachés des pressions professionnelles ou religieuses. Le cyclisme est un plaisir d'été. Les mois d'hiver ornent le président d'honneur, qui doit savoir donner, de discours ennuyeux et de meilleure qualité. Les discours sont suivis de soupers, de soirées musicales et de représentations théâtrales.

Pour beaucoup, l'effort physique ne peut jamais redresser ce que les fréquentes obligations de trinquer avec de grandes quantités de bière et de vin sucré, accompagnées de portions géantes de viande rouge et de chapons généreux, font. L'excès de graisse lié à la manie du cyclisme est plus que considérable et de nombreux membres de clubs notoires meurent à un âge précoce, succombant malheureusement à une ponction sanguine ou à des coliques.

Ce n'est pas l'univers de vie du père Thys, qui n'aura pas de vélo avant longtemps. Un vélo d'occasion coûte environ 150 francs, soit quatre mois de salaire. Un salarié ne peut pas économiser une telle somme. Pourtant, Désiré aurait volontiers essayé le vélo. C'était un excellent gymnaste qui, dans ses jeunes années, participait à des courses à pied et gagnait régulièrement. Génétiquement, pour le petit Philippe, tout était déjà en ordre.

◀ Péniches à quai à Ruisbroek, sur le canal Bruxelles-Willebroek.

▲ Vader Désiré Thys   ▲ Cureghem, Anderlecht.

2ᵉ Année. — Nᵒ 163.   10 CENTIMES   Dimanche 12 Juillet 1903.

L'ACTUALITÉ

FRANÇAISE, ÉTRANGÈRE, ARTISTIQUE & LITTÉRAIRE ILLUSTRÉE

REVUE DE LA FAMILLE

T'équier   Aucouturier   Garin   Fischer

LE TOUR DE FRANCE. — Le départ à Villeneuve-Saint-Georges.

1894

Les abattoirs de Cureghem

Le lieu de naissance n'est jamais neutre pour le cours de la vie. Dans les campagnes rigides, les notables des villages grondent contre tous ceux qui veulent aller plus vite que le cheval et la charrette. La modernité y est bannie, tout ce qui ne ressemble pas au travail ou à la fréquentation de l'église. Nombreux sont les talents sportifs qui, jusqu'à la fin de la Première Guerre mondiale, restent privés d'ambition, contraints par la pression de leurs pairs à ranger leurs rêves au placard. A cet égard, la rue Prévinaire est un meilleur habitat.

Flinke Flup fait ses premiers pas dans Quicke et grandit avec le lait frais du Sheep Carré, qui est transporté quotidiennement par me 't'onekeir (charrette à chiens). Ce quartier populaire est plein d'esprit d'entreprise. Ceux qui connaissent bien le quartier n'ont pas besoin de se déplacer sur place. Cureghem est un quartier en mutation, où la Société anonyme des Abattoirs et Marchés d'Anderlecht-Cureghem inaugure un grand bâtiment. On a rarement vu une verrière aussi imposante.

Il faut pour cela détourner le bras de la Zenne et construire des fondations de près de cinq mètres de profondeur : les caves ultérieures. Sinon, la fierté en fonte d'Anderlecht s'enfoncerait dans les ruisseaux marécageux du canal. Le canal vers Charleroi d'un côté et le Rupel de l'autre ont pris le relais de la rivière sale de la ville.
La nouvelle voie d'eau n'est pas le large ruban vert-argent qui a nécessité plus tard la construction du très long Pont Van Praet. La navigation est encore taillée sur mesure pour les bakeekes : une barge spécialement construite, accouplée en série

à un remorqueur, vient de passer toutes les écluses. Ces petits bateaux transportent le charbon des mines du Borinage et les briques de Boom. Entre Anderlecht et Molenbeek, une zone d'éleveurs d'oeilles (vendeurs de charbon), de brasseurs, de métallurgistes et, près des abattoirs, de tanneurs et d'industriels de l'alimentation est en train de naître. La zone est en train de devenir un véritable bazar, fournissant beaucoup de travail et améliorant ainsi la situation de tout le monde, en particulier des entrepreneurs eux-mêmes. Du côté sud-ouest de la ville se développe une zone franche et libre où la rue appartient à tout le monde. Que de grandes hordes de travailleurs l'occupent de temps à autre n'est pas plus acceptable pour la bourgeoisie de l'époque que l'entreprise balkanique de voitures d'occasion qui s'y trouve aujourd'hui.

Pendant quatre ans, Flupke peut continuer à revendiquer toutes les préoccupations familiales. L'absence d'autres enfants chez les Thys est exceptionnelle pour l'époque, mais privée : les fausses couches, la mortalité infantile et les complications sexuelles sont douloureusement fréquentes. Fin février 1893, Flup a enfin une sœur. Joséphine-Louise est une belle fille, qui l'aidera considérablement lorsqu'elle se présentera à Paris en temps de guerre. La sœur épouse son taximan bruxellois fugitif dans la lointaine ville lumière en 1917 et un an plus tard, ils ont un fils, Philippe ... L'adoration pour son frère déjà célèbre à l'époque pouvait-elle être plus grande ? La douce Louise meurt à 29 ans. De cette tristesse imminente, la famille n'a heureusement pas encore connaissance.

A la fin du printemps 1894, 15 mois après la petite sœur, le frère Michel est déjà là. Le petit frère de Thysje est une copie de l'aîné. Il tentera de suivre l'aîné à bicyclette, avant de devenir boucher au lard. Pour connaître ses exploits, il faut chercher Guillaume Thys. L'attribution des noms est un phénomène étrange et compliqué dans de nombreuses familles. La raison pour laquelle le nom du grand-père Michel est soudainement renié par la coutume et remplacé par celui de l'oncle, est l'un de ces cas bizarres. Il ne faut pas nécessairement y voir des querelles de famille. Un nom identique descendant d'une autre lignée, suffit souvent, pour appeler soudainement Lowie sous le plafond domestique bas qui convient à notre français.

Une nouvelle piste cyclable est prévue, maintenant que celle de la Duitslandstraat (aujourd'hui Clemenceaulaan) est tombée en désuétude. Le Veloce Club Cureghem-Anderlecht est le jeune club cycliste ambitieux qui, avec seulement 22 membres, pousse vigoureusement la charrette. Il peut compter sur quelques coureurs cyclistes solides : Rasseneur, Van Wichelen, Jonas et Freudenthal. Le bourgmestre d'Anderlecht Moreau accepte la présidence d'honneur dans les locaux du club, 47, Boulevard d'Anderlecht. Il sait très bien que cela implique l'obtention d'un permis de bâtir. Il faut aller de l'avant.

La nouvelle piste est prête au printemps 1895, car son conseil d'administration comprend des noms tels que Solvay et Colruyt, des personnalités qui comptent parmi les jeunes pousses économiques de Bruxelles. La voie d'essieu Bruxelles-Midi mesure exactement 804,5 mètres, a une largeur de huit mètres et ouvre le dimanche de Pâques. Au programme, un numéro de longue distance inhabituel : la course de six heures. Lesna l'emporte et s'élance à 17 h 20 pour parcourir 202,613 kilomètres, soit près de 34 de moyenne. C'est plus rapide que la première voiture qui déferle sur Bruxelles peu après.

Philippe mesure maintenant près d'un mètre. Se pourrait-il qu'il soit quelque part entre les barreaux de la barrière de bois en train d'observer ? Peut-être subtilement renvoyés de la maison avec un prétexte, où ils trouvent leur second souffle ? Une fois de plus, la famille Thys s'agrandit considérablement, avec trois filles : Jeanne, Marie et, en 1903, la petite Dorothée-Elisabeth.

▲ Le peloton de tête, avec Brange et Garin en tête, lors du premier Tour de France, en 1903.

Elle descend dans le col de l'utérus comme la dernière pièce de l'arbre généalogique, au moment même où un Abran de l'auberge Au Réveil Matin baisse son drapeau. Une course cycliste spéciale s'élance à la périphérie sud de Paris : le tout premier Tour de France. Il s'agit d'un coup d'éclat du rédacteur en chef du quotidien L'Auto, une entreprise en difficulté qui cherche à augmenter son tirage. Les aventuriers s'engagent bientôt dans la Forêt de Sénart - à l'époque, avec les forêts de Fontainbleau et de Vincennes, une grande forêt qui s'étendait jusqu'aux abords de la ville - en direction de Melun.

À l'époque, le cyclisme n'existait pratiquement pas dans la capitale belge. Seule une poignée de pionniers tournent encore de temps à autre sur la piste du Bois de la Cambre. Le dernier descendant de Thys voit enfin le jour, alors que Garin a déjà remporté la toute première étape du Tour et que, contre un mur chaleureux de Lyon, il allume négligemment une énième cigarette roulée par ses soins.

Pendant qu'Elisabeth s'endort dans son berceau, Flup se prépare déjà à quitter l'école pour entrer dans la vie réelle. Thyske participe à des courses à pied. Tel père, tel fils. La foulle, le long de la route, fouette les garçons de la rue qui entament le sprint vers une meilleure paire de pantoufles, des bonbons ou une belle corbeille de fruits. La pratique du sport médicalement responsable n'est pas à l'ordre du jour. Les courses à pied sont la mesure sportive des pauvres.

Le fils de Désiré est fort et alerte, il est fasciné par la technologie et nourrit ses yeux partout. La curiosité est le moteur de tout. Philippe est vif d'esprit et de corps et devient commissaire à la Maison des Phonographes. Les jeunes gens, qui transportent des colis et font toutes sortes de travaux, s'insèrent sans problème dans une Bruxelles en ébullition. Le temps n'est pas encore un problème et la vitesse n'est même pas à vendre. En 1904, le gouvernement provincial du Brabant comptait 663 automobiles et 691 motocyclettes sur son territoire. Malgré quelques dizaines de propriétaires à Louvain, Tirlemont, Vilvorde et une poignée de barons de l'immobilier moderniste, tous ces engins sautillant et s'écrasant circulent dans Bruxelles. Ils ne menacent pas encore la vie cycliste, lorsque Thys prend pour la première fois le départ d'une course de vélo-cross dans sa propre ville, en 1907. Entre-temps, il a été engagé comme domestique par une famille aisée.

L'intendant a prêté à Philippe le seul vélo pour dames de la maison, après bien des tracasseries. Ce jour-là, les pompiers d'Anderlecht sont en voyage familial à Namur.

Au cours d'une promenade en bateau, le paquebot heurte un pont et le cadre en fer de la toile de toit s'effondre. Deux épaules cassées, une main brisée et d'autres côtes cassées doivent être transportées à l'hôpital. Flupke, quant à lui, tente sa chance dans une course à domicile. Ses débuts dans le cyclisme ne sont pas couronnés de succès, mais le jeune Bruxellois n'abandonne pas et participe bientôt à d'autres courses de quartier. Sur 20 ou 25 kilomètres, les coureurs actifs hebdomadaires se mesurent à des acteurs occasionnels de tous âges et de toutes tailles. Le terme "divertissement populaire" est plus approprié que celui de "cyclisme".

▲   Poithier, Maurice Garin (premier vainqueur du Tour) et Augerau, les trois premiers du Tour de France 1903, dégustent une coupe de champagne.

▲ Vélodrome Bois de la Cambre

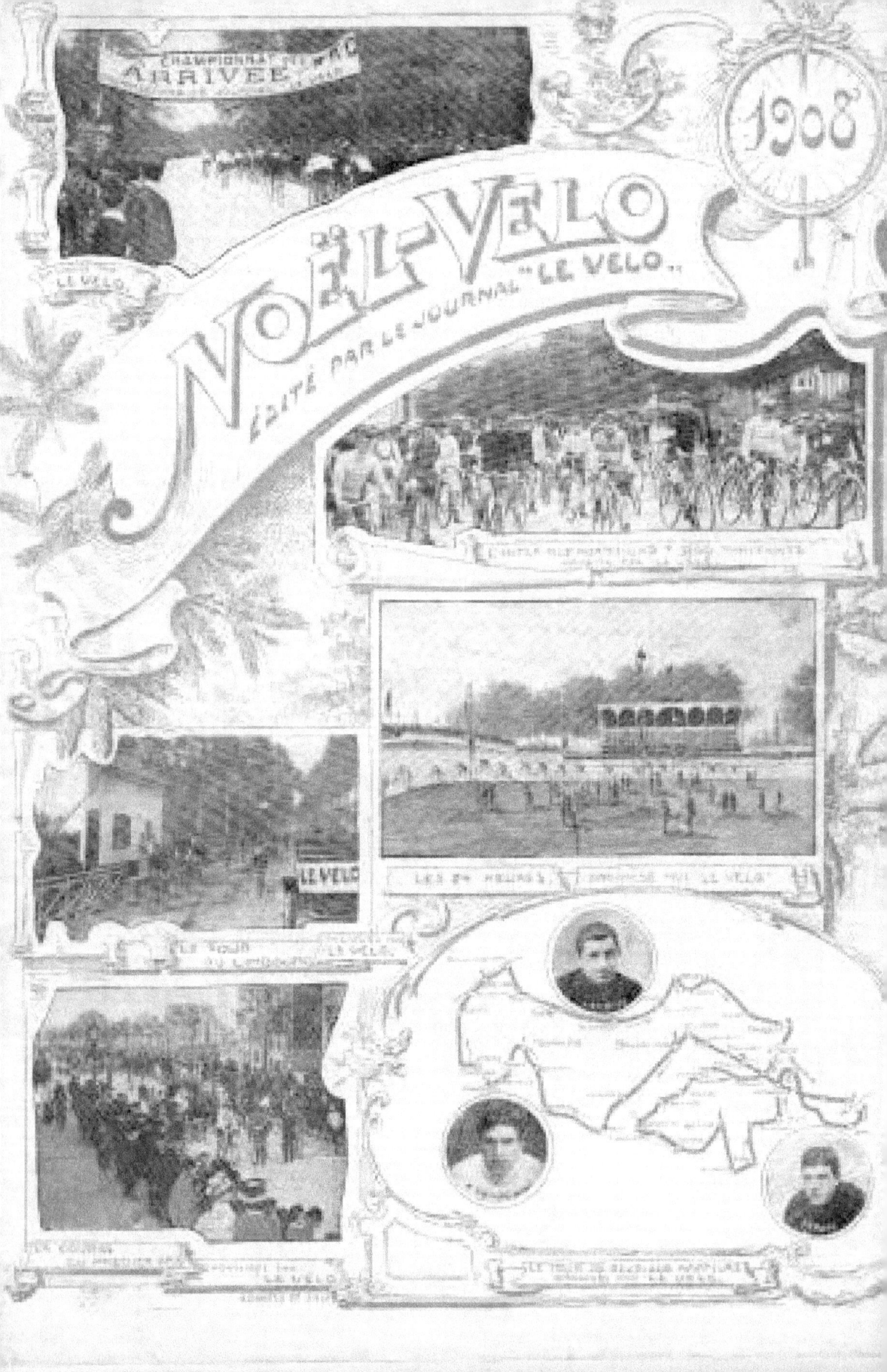

NOËL-VÉLO

ÉDITÉ PAR LE JOURNAL "LE VÉLO"

1908

1908

La reine des villes balnéaires

Frêle Flup est signalé comme troisième quelque part et cela n'échappe pas à un petit laborieux enthousiaste. Thys a de la chance. Bientôt, un vélo de course Saphir avec des pneus normaux l'attend. Le bienfaiteur est un fou de cyclisme et possède une petite usine dans le Midi, où l'on fabrique du matériel d'excellente qualité. La plaque d'embranchement du vélo ne coûte encore que six francs dans le Brabant, au lieu de dix. Ce montant n'arrêtera pas Thyske.

Il rejoint l'Union Cycliste Anderlechtois en tant que véritable pilote de course. L'UCA est une initiative sportive de plus dans le quartier. Après un nouvel intermède, choisissant Anderlecht Sportif comme nom, c'est finalement Cureghem Sportif qui apportera la stabilité cycliste à la commune en 1911. Thys n'y deviendra curieusement jamais membre, son frère Guillaume si. Après un effondrement complet au tournant du siècle, de solides clubs amateurs tels que le Sporting Club de Bruxelles, Linthout Velo, Laken Sportif et Brussel Sportif réapparaissent. Ces clubs accordent une plus grande attention aux courses sur route.

Les nouveaux clubs représentent le sport amateur pur et dur. Ils attirent des coureurs qui ne cherchent que des coupes et des médailles, tout au plus des prix en nature. C'est une nouvelle histoire, bien loin de la magouille des courses de rue bestiales, marquées par la tricherie et l'ivresse. Lorsque les nouveaux dirigeants des clubs et leurs athlètes féticheurs veulent se faire remarquer, il est déjà évident pour Philippe que les manèges obscurs des fêtes foraines ne sont pas son truc. En 1908, il prend une licence syndicale LVB et tente sa chance dans la catégorie amateur.

Lors de l'ouverture de la saison du Brussels Sportif, le lundi de Pâques, il a pu suivre Guillaume Coeckelberg en cuissard. À l'époque, Coeckelberg était le crack du cyclisme dominant - il n'y avait pratiquement pas de pros - parmi les amateurs. Sur un tapis de neige, ils traversent ensemble le Brabant wallon dans le GP Vincart et gravissent le redoutable Mont Saint Paul. Les coureurs touristes, qui ont été autorisés à partir 21 minutes plus tôt, doivent s'effacer devant le duo de tête.

L'arrivée se fait sur la piste du Bois de la Cambre. Thys y arrive quatre minutes après son célèbre compagnon d'échappée : une entrée en matière particulièrement réussie. Le dimanche suivant, il est troisième du GP Alcyon, une demi-roue après De Blauwe. Coeckelberg gagne à nouveau en solitaire. Il a effectué les deux tours de piste obligatoires, en raison d'une crevaison tardive. Le vainqueur a passé cinq heures sur la route pour parcourir une centaine de kilomètres.

Le vélodrome de Karreveld ouvrira en mai - la première pierre ne sera posée que le 22 mars. Liège-Bruxelles aura la primeur. Mais la plupart se trompent de chemin et Aloïs Verstraeten, qui entre en piste en tant que primus, est ensuite relégué à la deuxième place. Philippe n'est pas en grande forme ce jour-là et atteint difficilement la côte de Koekelberg. A partir de là, c'est la tête en roue libre jusqu'aux étangs de Molenbeek.

Le 21 juin, Thys est de nouveau en forme et se rend dans la lointaine Hasselt, pour colorer le début du cyclisme dans le Limbourg et la Campine. Le peloton a du mal à se mettre en route : la Sainte Procession est devant et la chaussée est pleine de

▲ Les coureurs au départ du Grand Prix Alcyon.

▲ Le peloton à Hoegaarden, avec Thys et Coussement en tête.

▶ Coeckelbergh et Thys lors de l'ascension du Mont St. Paul et de Jolibois.

▲ Les coureurs au départ du Grand Prix Vincart.

▲En 1908, Philippe Thys termine deuxième du Grand Prix Vincart, sur son vélo Saphir. Guiilaume Coeckelbergh est le vainqueur de cette course.

1. Beckx de Hasselt, premier des Limbourgeois au moment où M. Keyenberg, que l'on voit à droite, vient de lui remettre une palme. — 2. Sur la route. De Bree à Beverloo. Le peloton de tête vu de dos. — Entre Saint-Trond et Tongres. Le peloton de tête. Roland de Soignies mène Coeckelberg en seconde position. Verstraeten en troisième position. — 4. Lauwers de Louvain, le vainqueur du Tour du Limbourg. — 5. A Hechtel. Le peloton de tête est arrêté par le passage à niveau. — 6. Vue prise après la course, au banquet offert par M. Keyenberg. — 7. Thys de Bruxelles, arrivé second à Hasselt. — 8. L'automobile du Vélo. La Miesse du garage d'Hooge. Devant se trouve M. Keyenberg, l'organisateur du Tour du Limbourg. Sur le marche-pieds, notre Directeur A. Collignon. Dans la voiture MM. Posenaer et Buysse et M. Quadvlieg, professeur à l'Athénée de Hasselt, correspondant du Vélo pour le Limbourg. — 9. Lucien Kranssens, le benjamin de la course, arrivé 6e. — 10. En Campine. Entre Tongres et Brée, le peloton de tête vu de dos. — 11. A Hasselt. Vue prise avant le départ. — 12. A trois kilomètres de Saint-Trond, le peloton de tête vu de dos. — Au numéro 2 on remarque l'auto du Vélo.

monde. Avec Alfons Lauwers de Wezemaal, il décide de la course. L'accord final doit être donné sur le Kuringersteenweg. Le nom de la rue évoque un sentiment de patrie. Flup y croit, mais à moins d'un kilomètre de la bannière sur la Grand-Place, il glisse stupidement sur du caca de queue de bœuf. Maudite soit-elle.

La netteté est de retour. Il est temps de prouver quelque chose. Flup décide de se battre avec les Floorers. Une quatrième place dans le Ronde der Vlaanders pour les enthousiastes est déjà très prometteuse. Struise Vandenberghe obtient le ruban de lion. Dans la course du village de Jette, une nouvelle victoire manque de peu. Puis vient l'événement de l'année : le Tour de Belgique. La course par étapes pour amateurs a connu un grand succès en 1907 grâce à la participation de vedettes françaises telles que Lapize, Cruchon et Trousselier.

Thys n'a aucune expérience des courses de plusieurs jours. Il bénéficiera d'un équipement amélioré pour la manche. Cela devrait de toute façon lui permettre de progresser plus rapidement de quelques kilomètres. De la maison, il y a beaucoup de sympathie et de soutien, mais peu d'argent. Heureusement, la ville compte des marchands fermiers et des petits entrepreneurs d'origine ordinaire. Leur rêve devient vite réalité : ils s'élèvent jusqu'à devenir des citoyens respectables. À la grandeur sournoise des salons distingués, où ils n'auront jamais vraiment leur place, ils préfèrent la sympathie de la rue et du peuple. Ils veulent faire les journaux et la photo et devenir les rois acclamés de leur quartier ou de leur commune. C'est pourquoi ils investissent de l'argent dans le sport et la vie associative. Tout ce que Flup parvient à glaner comme soutien provient de ce mécénat. Ainsi, lui et 108 autres peuvent se tenir sur la place Brouckère en train de popper. Il vérifie à nouveau ses tubes lumineux. Le nouveau caoutchouc devra l'aider à parcourir les 146 kilomètres qui le séparent de Moorslede. Le village d'arrivée est la maison de Cyrille Van Hauwaert, le meilleur coureur belge et déjà une légende après ses victoires à Bordeaux-Paris (1907), Milan-Sanremo et Paris-Roubaix (1908).

La courbe d'apprentissage est plus difficile que prévu. La première étape fait perdre beaucoup de temps et, à l'approche de la ligne d'arrivée de la deuxième étape vers Ostende, la police n'arrive pas à contrôler la foule. Trousselier percute un spectateur. Il y a une charrette banale sur la route et, de l'autre côté, des lampadaires en fer forgé. La ville au bord de la mer s'est métamorphosée en quelques décennies. Grâce à Léopold II, qui s'y est fait construire une résidence de luxe et a entraîné dans

◀ Compte-rendu du Tour de Limburg des amateurs. Dans le cadre numéro 7 : "Le Bruxellois Philippe Thys est deuxième de l'étape vers Hasselt".

son sillage de nombreux imitateurs nobles. L'affreuse femme-poisson s'est frayé un chemin dans les avenues et promenades chics, s'est habillée de pierre bleue et est devenue reine. Un Bruxellois se heurte à sa voiturette abandonnée contenant des poissons plats séchés et des crumpets. L'infortuné Thys est immédiatement emmené avec une blessure à la tête. Après un bref séjour à l'hôpital, la course peut reprendre pour lui.

Le tour belge est déjà arrivé. Hagelander Lauwers gagne aux points, bien que la victoire morale revienne à Guillaume Coeckelberg. Il s'empare de toutes les étapes sauf deux. Au cours d'une journée malchanceuse, il perd toute chance de victoire au classement général.

L'accident du bord de mer a déclenché quelque chose chez Thys. Il est plus éveillé que jamais. Les organisateurs de Marchienne-Mons-Marchienne l'inscriront à leur palmarès. Peu de temps après, à Remouchamps, il recevra à nouveau des glaïeuls et des coupes.

Avec Julot, il remporte une course par équipe de 75 kilomètres et la petite médaille du Championnat d'Europe en tandem. Lors d'un Belgique-France fin septembre, la piste du Karreveld est si glissante que la foule s'écrase sans gloire lors de la première circonférence.

▲ René Vandenberghe   ▲ Jules Coussement   ▲ Paul Deman

Philippe refuse de prendre le départ. Dans le public, Marcel Boogmans, quatre ans, de Koekelberg, regarde avec admiration les coureurs et leurs vélomachines propres. Lors du réveillon de 1926, Thys et lui participeront encore à la course des six jours de Bruxelles. Le cyclisme de la capitale progresse, malgré le revêtement glissant. Après Karreveld, la belle piste de 265 mètres de Linthout Velo est en construction sur la Tervuren-

laan à Woluwe. Le sport s'invite aussi dans les colonnes des journaux.

En décembre, la scène cycliste se déplace dans l'arrière-salle enfumée de l'auberge Het Gulden Kasteel sur le boulevard d'Anderlecht. Les coureurs pédalent sur place en hiver, sur des vélos d'appartement. Il s'agit d'appareils imposants qui s'agitent comme le mécanisme d'une horloge d'église et qui sont entraînés par des chaînes. La technologie ne s'arrête plus. De grandes pintes de Faro et d'Export sont tirées pendant que les jeunes sprintent sur les rouleaux. Thys sera confronté à De Blauwe et Verstraete.

L'année 1908 est à peine entamée qu'au célèbre carrefour des Quatre Bras, le vent transperce la moelle. Il est très tôt. Le premier Elfstedentocht frison a été couru en secret. Ce qui nous attend dans la forêt bruxelloise est du même acabit. Une silhouette trapue en maillot de jockey de l'UCA effectue des parcours d'échauffement et attire l'attention d'un groupe de connaisseurs qui piétinent dans le froid. Avant la fin de l'année, lors d'une épreuve similaire dans un no man's land boueux, ce garçon rayé a battu Salès, l'ancien champion national et coureur professionnel. Celui qui veut le suivre devra avoir de bonnes jambes. Personne n'y parvient. Philippe Thys est de loin le meilleur des 47 partants de la toute première grande course de cyclo-cross. Cette branche du cyclisme n'est alors rien d'autre qu'un entraînement sur le vélo de route. Les obstacles et la boue ne sont pas non plus recherchés dans la course de fond. La saison sur route est bien plus importante que la folie ludique venue de France.

Malgré une excellente condition physique, aucune fleur de mer n'attend Flup nulle part. Dans Anvers-Menen, Jules Coussement de Rumbeke est plus rapide d'une

▲ Karel Verbist

demi-roue. Sa seule grande victoire ne lui vaut qu'une petite note de bas de page dans l'histoire du cyclisme. Thys s'en contente. Bruxelles-Menen va bien jusqu'à ce que Paul Deman - le premier vainqueur du Tour des Flandres quatre ans plus tard - intervienne. Après une deuxième place au Prix de Tubize, un pavé de Laeken perfore son pneu dans le Championnat de la marque cycliste WKC. Quelle misère ! A Torhout, les choses s'arrangent enfin et Philippe remporte la course de six heures contre tout ce que la province compte de diables forts.

Lorsque Charelke Verbist s'écrase sur le vélodrome de 't Karreveld le 21 juillet, il est le prochain mort d'une longue lignée de casse-cou. Les casse-cou vont beaucoup trop vite pour leurs moteurs à essence peu fiables. Les coureurs sont entraînés dans leur sillage à des vitesses folles de plus de 100 kilomètres à l'heure. Quelques mois plus tôt, les bricolages de moteurs et d'essence coûtaient déjà cher à la ville d'Ypres, férue de cyclisme, et à son vélodrome nouvellement inauguré. Au moment où la troisième étape du Tour de Belgique devait arriver, les ailes se sont enflammées. Le bois sec du vélodrome est le prochain brasier et les participants à la manche nationale sont contraints d'abandonner leur course.

Fin juillet, Flup met enfin fin à tout désespoir dans la Ronde van Braband (toujours avec d). La veille, Blériot a été le premier à faire franchir le canal à un avion, ce qui constitue une étape importante. Le premier vol motorisé a eu lieu à peine six ans plus tôt. S'envoler. Ils n'ont pas encore quitté le parc du Cinquantenaire que Thys se débarrasse déjà d'Aerts et de Bruggeman à Tervuren. Pendant des heures, il se donne à fond. Seul et solitaire. Au Karreveld, il est autorisé à entrer directement dans l'herbe, alors que la piste brille à nouveau comme un miroir. Ensuite, c'est 31 minutes d'attente ennuyeuse jusqu'à ce que Heyvaert, le coureur local de Molenbeek, se présente. Flup a enfin décroché un grand prix.

Dans la dernière partie du parcours, quelques-uns sont entrés en collision avec un véhicule à moteur et cela fait jaser. Les conflits de circulation sont loin d'être un problème, mais le mélange de voitures, de motos, de vélos, de charrettes tirées par des chevaux et de bœufs réclame tranquillement de l'ordre et des règles. Après l'obligation de rouler à droite dans tout le pays, l'agitation suit son cours.

▲ L'équipe du Collier des Saphirs participant au Tour de Belgique 1908. De gauche à droite : Philippe Thys ; Roland, Cassiers, Toussain, Thuriot, Remy, Van Meerhaegen, Bettens, Gillard, Alb. Wilmus, masseur de l'équipe, Marcel, directeur sportif, L. Vincart, constructeur des bicyclettes Saphir, Valloton, Huart, Baudelet et Everaerts.

▲ Coeckelbergh et Everaerts sont à l'origine du grand prix du concours : une moto offerte par le journal La Dernière Heure.

▲ Lauwers, vainqueur du Tour de Limbourg et du Tour de Belgique

Les voitures devront désormais porter deux feux blancs au lieu d'un seul et les allumer peu après le coucher du soleil. Les véhicules motorisés ont le privilège d'avoir un klaxon. Les bicyclettes sont autorisées à avoir une sonnette et doivent allumer leurs feux une heure après le coucher du soleil. Une situation bien compliquée.

▲ Le rêve du vélo d'Ypres s'envole en fumée

L'ampoule du carburateur de Philippe est en bon état et l'état devrait être plus qu'adéquat pour un Tour de Belgique dégueulasse. C'est plutôt décevant. Après une médiocre 12ème place dans l'étape d'ouverture vers Menen, la malchance frappe à nouveau près d'Ostende. Ceux qui atteignent Bruges à la 26ème place savent qu'un bon résultat final peut être oublié aux points. Poursuivre inutilement vers Louvain ? Vers Verviers en gaspillant des forces ? Flup n'est plus d'humeur.

Ce n'est pas bien dans la tasse. Il y a quelque chose qui cloche. Un sujet épineux n'a pas lâché la vingtaine chevelue de tout l'été. Il a été contraint de s'inscrire au registre de la milice municipale un an auparavant : il attendait le terrible tirage au sort. Une place d'agent auxiliaire de la commune permettait de contourner de manière proactive une éventuelle condition de soldat, mais le système des conscrits allait-il bientôt être aboli ? Il est question d'une conscription générale pour le fils aîné de chaque famille. Les choses pourraient aller vite et ce serait une malchance brutale.

Lorsque la manche belge arrive enfin dans la capitale le 17 août, Thys et sa compatriote Milleke Aerts - plus tard membre des Flandriens de Karel Van Wijnendaele - sont déjà dans le test de piste du programme préliminaire. Il devra peut-être se ressourcer début octobre pour Sedan-Bruxelles. La course finale se déroule dans une ambiance mineure, comme l'évoque parfois la moiteur et la grisaille de Paris-Tours. Les courses d'octobre n'en ont souvent plus besoin peu après la sortie : parce qu'elles ne dégagent plus une once d'enthousiasme. L'hebdomadaire d'ameublement Nos Sports vit la pire journée de son éphémère histoire. Il pleut à verse et finalement seule une poignée d'athlètes courageux s'engage dans l'ovale - une fois de plus - inondé de la zone profonde de Molenbeek. Thys persévère et se classe sixième sur la feuille de résultats trempée.

Léopold II n'a pas tardé à mener une vie féroce et propre. Il a donné à la Belgique une colonie, à côté de tant de belles avenues et de bâtiments imposants. Attira-t-il Thys avec la dernière encre de sa porte plume ? Le roi attend le 1er décembre 1909. Ce n'est que sur son lit de mort qu'il signe la loi sur le service militaire, et le gouvernement, manquant de lits et de matériel, attendra des années avant de l'instaurer. Philippe peut rester pilote de course et wout (juron bruxellois pour gendarme).

PHILIPPE THYS
Le Champion d'Anderlecht

EXPOSITION UNIVERSELLE
DE BRUXELLES
1910
SECTION COLONIALE
PARC DE TERVUEREN

1910

Au Pajols

Par une soirée brumeuse de février, Thys s'installe au banquet des Pajols à la Taverne Alfred, rue du Midi (aujourd'hui Pepe Jeans). La visite n'est pas fortuite. Flup a opté pour le club du président de la fédération brabançonne, Hubert Baudot. Le club blanc, avec son maillot couleur grenade, est en passe de devenir le club cycliste le plus prestigieux de la capitale. Dans la belle Brasserie Flamande de la Ortsstraat se réunissent chaque semaine des notables avec gibus, qui ont l'occasion de s'asseoir autour de la table du conseil d'administration avec le géniteur Delhaize. L'adhésion au Brussels Sportif est très prisée. De nombreux faiseurs de goût de la capitale s'inspirent jour et nuit de la grandeur de Paris et de Vienne. Ils adorent les légumes blanchis, la blanquette de veau et les viennoiseries parfumées. Ils se délectent de la culture du corps et de l'hygiène, transformée en fraternité sportive par les structures des clubs des deux métropoles exemplaires.

Bruxelles doit constamment rattraper son retard dans tous les domaines pour rester à la page. Une nouvelle Exposition Universelle est donc en préparation. La jet set cherche un site près du Solbosch, à la lisière de la forêt qui recule. La commune d'Ixelles doit céder. La capitale bruxelloise conserve finalement une belle extension de 62 hectares et construit en échange un nouveau quartier. Elle transforme également le Mont des Arts (aujourd'hui en partie l'Albertina) en une corniche verte. Un changement de niveau ludique allant jusqu'à 50 mètres attend l'architecte Vacherot. Là où le quartier sordide de St Rochus laisse rouler sa pauvreté oisive vers la ville, s'élève un large escalier de fontaines, de cascades et de sculptures. Den bouquet final d' exposeese quoi. Magnifique. Du jamais vu. C'est inégalable. Au tournant de Tervuren, le Palais des Colonies (futur Musée de l'Afrique) ouvre ses portes. Les hôtels Palace et Astoria, avec leurs centaines de chambres de luxe destinées aux nombreux visiteurs étrangers, sont en plein essor. Cependant, le terme d'exposition universelle est relatif. La participation est limitée, mais 20 drapeaux flottants suffisent à convaincre les masses.

Par la suite, la Compagnie d'Exposition ne pourra enregistrer qu'un bénéfice net de 100 000 francs. Sans la malchance, il aurait pu être bien plus important. Les entrepreneurs locaux en profiteront. Si ce n'est par la construction de palais et de praalbows provisoires, du moins par l'approvisionnement en denrées fines, la vente de chapeaux de fantaisie, des millions de gaufres savoureuses et le flot complet de brasseries gonflées.

L'argent attire l'argent et en crée de nouveaux. Certains en ont tellement qu'ils ne savent pas quoi en faire. La lucidité de Thys sait comment fonctionne le monde exposé. Il n'est plus nécessaire de chercher des facilités. Il tombe sous le charme des Pajols, en plein milieu de la fine fleur des pères cyclistes qui ont de l'argent et des relations. Ceux-ci sont heureux de lui faire miroiter les avantages de la lucrative exposition mondiale qui va suivre.

Quatre-vingts membres prennent place derrière des nappes amidonnées. Flup reçoit une offre du fabricant de vélos wallon Depas pour passer quelques mois à Andenne. Il pourra y suivre une formation approfondie dans les contreforts des Ardennes. Monsieur Depas est sur le point d'ouvrir une usine de vélos moderne à Seilles et

▲ Victor Linart   ▲ Félix Sellier   ▲ Hector Hesughem

attire la crème du cyclisme wallon de l'époque : Linart, Marchand, Salmon, Heus-ghem et Sellier. Le père et le fils Thys n'hésitent pas une seconde. Désiré soutient Flup à fond. 1910 doit être l'année de la percée. Le championnat national de cy-clo-cross, une course au titre ouvert à travers la forêt de Sonian, est son premier objectif.

Jacques Vanopendebosch, cofondateur du Brussel Sportif et père du cyclocross, voit son invention enfin reconnue. Beaucoup découvrent le cross depuis peu. Philippe les a devancés et, en tant qu'ancien coureur, il garde une longueur d'avance sur tout le monde. Dans les courses sur route, les choses sont moins faciles. Retards et ruptures de roues dans un Anvers-Meulebeke bruineux, lui serrent la gorge. Le printemps est au rendez-vous.

Conscients du temps de chien permanent, Devil Olieslagers et le sprinter Van Den Born ont mis le vélo de côté pour de bon. Ils découvrent quelque chose de nou-veau, souvent plus éprouvant. Dans la course de poids plume de Nice, ils sont en passe de gagner et de s'intercaler sous le soleil printanier. Thys souhaite également voir un jour l'azur de la mer Centrale. Pour l'instant, il continue de peiner dans les nuages de sa patrie. Dans le smog de Charleroi-Namen-Charleroi, il doit faire moins bien que Cooman, mais le 31 mai, le coureur bruxellois se débarrassera du puissant Valckenaers dans le circuit des Ardennes. Flup se rendra en solitaire à Liège. Une

▲ Van Den Born   ▲ Jan Olieslagers, "le diable d'Anvers".

mauvaise organisation et des fraudes en cours de route provoquent un retournement de situation. La fédération cycliste annule le résultat.

Pendant ce temps, à Anderlecht, ils ont découvert une nouvelle faille. Géne Symons pousse son troisième vélo sur l'éprouvante ligne de craie de la Course du Premier Pas, un concours de talents pour les jeunes copiés sur la France. La course a rapidement acquis une renommée nationale. Victime de son succès, les participants sont de plus en plus nombreux chaque année, parfois jusqu'à 400. Lorsque la tête de la course plonge dans Wemmel, la queue s'aligne encore à Bockstael.

Les premières cerises rendent Thys plus heureux que ses résultats. Aux avant-postes lors du Tour du Limbourg, il n'arrive même pas à sprinter, fatigué et épuisé. A Luxembourg-Bruxelles, la force manque et Salmon gagne. Philippe n'est que quatrième parmi les disciples de Depas. La médiocrité le dérange. Dans le championnat national à Ransart, il est à nouveau parmi les premiers renversés de la journée et doit chasser lourdement. Il va vite et la distance est trop courte pour récupérer et apparaître aux avant-postes.

Le début du mois de juillet peut enfin faire un pas timide vers la résurgence. Dans l'aller-retour Mouscron-Gand, le Nordiste Vandaele règne en maître. Thys monte sur la plus basse marche du podium. Sur ses aptitudes exceptionnelles et sa régularité, tout le monde s'accorde. Pourtant, il roule à l'année derrière. Il y a beaucoup de malchance, mais cela ne peut pas tout expliquer. Le passage dans l'équipe semi-usine de Depas devait permettre de faire un grand pas en avant, mais Philippe se promène au sommet au lieu de montrer l'exemple. Il ne reste plus qu'à refaire du Tour de Belgique un objectif principal, même si cela a toujours échoué dans le passé. Dans l'étape des Ardennes, Thys frappe près de Chimay. Il gagne jusqu'à trois minutes, puis son rythme s'affaiblit et il vomit tout ce qu'il a dans le corps. Affaibli, malade et épuisé, il perd à nouveau le classement. A Verviers, il perd encore dix minutes complètes sur Mottiat. Puis la motilité disparaît.

A Louvain, ils ont pris d'assaut l'arrivée avec 24 et Thys n'a pas lâché la tête. Personne ne devrait terminer près de lui. L'établissement des résultats prend du temps. La manche étant disputée aux points, le classement exact est important. Les juges n'ont pas encore d'images ni de matériel photographique à leur disposition, mais ils font tout de même un peu n'importe quoi. Les équipes Colibri et Depas portent plainte. Elles sont exclues brutalement et retirent leurs coureurs. La course repart pour Gand sans le vainqueur de l'étape, Philippe.

Dans la nuit du 14 au 15 août, les Bruxellois n'en croient pas leurs yeux. Endormi par hasard dans la maison de ses parents après son retour forcé de Louvain ce dimanche soir, Flup regarde par la lucarne. Une véritable conflagration souffle sur la ville. Qu'est-ce que c'est ? On dirait l'évocation historique du bombardement de l'immeuble Villeroy sur la Bedelweg, ou la répétition de l'incendie du château ducal. Ils sont bien imprudents, ces joyeux Brusseleirs.

En 1731, ils font de la confiture et pensent pouvoir laisser le feu couver. Une heure plus tard, au Coudenberg, le plus grand palais d'Europe est en feu. Il n'est pas question d'éteindre le feu sur le site escarpé. Il gèle et l'eau n'est pas très disposée à exécuter des ordres liquides. Les innocents parmi le personnel devront continuer à raconter cette histoire jusqu'à leur mort. Le véritable fauteur de troubles est la gouvernante elle-même, qui s'endort parmi les bougies allumées. Une fois réveillée, selon l'étiquette, elle ne permet à personne d'entrer dans sa chambre privée. Si l'on attend trop longtemps pour enfoncer la porte, Lucifer a le champ libre.

Aujourd'hui, le prochain Grand Palais est sous le feu des projecteurs, celui de l'Exposition universelle. A la veille d'un jour férié et sous le regard de nombreux touristes étrangers. Même ici et maintenant, la lutte décente contre les incendies n'est pas de mise. Est-ce un mégot trop actif d'un cigare tardivement allumé, qui a fini par perdre sa saveur, qui est en cause ? Le profit est au rendez-vous. La Kermesse de Bruxelles et l'exposition se terminent en demi-teinte. De formidable à fort minable.

L'année prochaine, Philippe deviendra indépendant. Dans cette nouvelle série, les jeunes talents ayant des ambitions professionnelles participeront à une compétition distincte avec des prix en espèces. Il y aura des règles pour les constructeurs qui veulent monter une équipe. Thys a déjà goûté à l'atmosphère d'une équipe d'usine grâce à Depas. C'est l'expérience des patrons du cyclisme en matière de soutien matériel contrôlé dans les rangs amateurs qui est à l'origine de la création des indépendants. Cela permet de lever temporairement la grande hypocrisie qui entoure les courses de purs amateurs.

Le nombre d'amateurs a augmenté, mais la distance entre les free riders (pros) effraie de nombreux jeunes. Les indépendants sont exactement ce qu'il faut pour donner de l'élan aux talents hésitants et permettre de combler le fossé. La ligue redessine encore souvent les séries - souvent trop tard - sous la pression de l'évolution économique ou sociologique du commerce et de la société.

Philippe Thijs

1911

Passage Passerieu

Thys est quelque part sur la route entre son domicile et son lieu d'entraînement dans les Ardennes, lorsque le célèbre coureur professionnel français Passerieu arrive soudainement à ses côtés. D'origine londonienne, le Français est le citoyen du monde du peloton. Il prend Flupke en exemple et le défie dans un raid ludique en montée près de Wavre. Le pro ne parvient pas à s'imposer face au petit. Thys l'attend au-delà du sommet.

▲ Georges Passerieu

La récompense est extraordinaire. Dès son premier souffle, Passerieu demande au petit costeau de venir en France. Par son intercession, il peut rejoindre le célèbre Vélo club parisien de Levallois, où s'entraînent des talents comme Guénot et Valloton. Philippe ne réfléchit pas longtemps. A force de retrouver les mêmes coureurs sur le circuit local, la progression s'essouffle.

Le monde du cyclisme belge ne peut rivaliser avec la France, où des clubs amateurs très développés fonctionnent avec des maîtres d'entraînement permanents et disposent d'un excellent équipement, de gymnases et de chambres d'hôtel. Des usines de vélos renommées investissent massivement dans des équipes professionnelles. Entre-temps, leurs managers écument les matchs amateurs à la recherche de talents susceptibles d'être employés.

Levallois - avec ses nombreuses usines de vélos - a une véritable tradition sportive. C'est le terrain de jeu du Parisien sportif. Trousselier, vainqueur du Tour, est né dans les limbes de la baignoire parisienne et y a fait du cyclisme une folie générale. Au moment où Thys reçoit l'offre de rejoindre le VCL, l'ex-pistier Paul Ruinart arrive à la tête des blancs-noirs. Il introduit les stages dans le sud, la diététique, les programmes d'entraînement individuels et les méthodes d'entraînement spécifiques pour les pistards. Tous les grands noms du cyclisme français de l'entre-deux-guerres passeront entre ses mains.

Le passage du Passerieu a lieu à la fin du printemps et donne finalement une autre tournure aux intentions de Thys. A partir du mois de mars, il ne peut même plus frapper à l'établissement de la Mère Lambic dans le Bois de la Cambre pour défendre son titre de champion de cyclo-cross. Le coureur bruxellois, par ailleurs très discret, n'en revient pas. Pourquoi ne prendrait-il pas une licence pro ? Ceux qui roulent avec ces indépendants s'éternisent inutilement et ne gagnent que la moitié des sous pour

▲ 'Chez Mother Lambic' dans le Bois de la Cambre. Site d'inscription aux championnats de cross-country.

presque autant de temps de course. Quoi qu'il en soit, il s'est déjà inscrit pour la course pro en Belgique en mai et recevra le numéro 15 sous pli.

La famille et les amis se tiennent debout pour le saluer à la Roue d'Anderlecht pour la course d'ouverture des indépendants. Binche est le point d'arrivée. Que Thys va bientôt battre Passerieu en montée ? Quel est l'imbécile qui a rêvé cela ? Il faut s'habituer aux indé's : arriver huitième aux gilles de Binche n'est pas carnavalesque, mais ce n'est pas non plus une entrée en matière étincelante. Bruxelles-Liège est une autre leçon d'humilité. La plupart de ses concurrents sont plus âgés d'un paquet et ce sera le facteur décisif dans la finale. Lors de la course Anversen-Menen, les choses tournent mal dans la région du Waasland. Thys doit descendre au kontrool de Gand avec une entorse à l'épaule. Cela semble plus grave que cela ne l'est.

C'est à Hannut, un vaste village agricole où les habitants de Haspengouw viennent acheter une pelle brillante et des chaussures neuves une fois tous les deux ans, que s'ouvrent enfin les portes du succès. Philippe y gagne une course de 100 kilomètres à la mi-mai, fait le plein de confiance et, quelques jours plus tard, rencontre par hasard un ami pour la vie. Grâce à son intercession, il est autorisé à prendre le départ de toutes les grandes courses françaises.

Une autre coïncidence est que le grand Peugeot, lors de délibérations familiales à Valentigney, prend une décision extraordinaire. L'entreprise de bicyclettes et d'automobiles fusionne à nouveau. Cinq descendants de Peugeot s'associent. Une nouvelle politique d'entreprise s'ensuit immédiatement. Elles s'écartent soudain de la voie tracée par le géant de la mobilité.
On ne dépense pas des masses de francs sonna
nts et trébuchants sur l'insatiable faim d'argent de la mini-couronne des champions pourris. Peugeot a pourtant connu de grands moments cyclistes dans le Tour de France. En 1908, ils remportent toutes les étapes avec Petit-Breton Faber, Passerieu, Georget, Cornet, Aucouturier, Dortignac, Garrigou et Paulmier. Ils se classent dans les quatre premiers et aux places six et huit.

▲ Les coureurs arrivent à un point de contrôle lors du Tour de France 1910....

Avec effet immédiat, les querelles avec les grands rivaux parisiens cessent. L'équipe professionnelle d'usine est dissoute. Peugeot se rend compte qu'il y a des centaines de jeunes coureurs talentueux actifs dans le pays, qui n'ont jamais l'occasion de courir au-delà des frontières de leur canton. Le centralisme parisien est déjà trop marqué et ne contribue pas à l'élargissement du cyclisme. Des efforts seront désormais faits pour mettre en place des courses de jeunes pour les indépendants. Celles-ci peuvent rapporter de l'argent et de magnifiques prix.

Peugeot soutiendra les meilleurs jeunes. Lorsqu'ils détecteront un réel talent dans une nouvelle génération, ils envisageront à nouveau une équipe au sommet. Les sélections pour les principaux critériums Peugeot-Wolber se font via une multitude de Championnats Départementaux. Ceux qui peuvent s'y imposer seront repêchés. La victoire à Hannut est à peine applaudie que Thys se rend à Paris pour sa première participation à l'étranger. Le baptême du feu suivra le 25 mai : Paris-Robaais pour les indépendants en une journée.

Jusqu'à Beauvais - une ville textile sans histoire où le général Foch décidera plus tard du règlement de la Grande Guerre par les Alliés - Philippe est gentiment au front. Qui sont les cavaliers qu'il doit surveiller ? On lui a donné des noms et des

▲ Winner René Guenot at arrival of Paris-Roubaix for Inépendants 1911.

numéros de dossard, mais avec les noms viennent les maillots et les visages. Garder constamment les bons hommes dans la poussière et le tumulte est une tâche impossible pour le nouveau venu. Pichon et Guénot s'échappent. A Lens, la course est terminée. Flup termine septième, dans un groupe de chasseurs. Il ne déçoit pas. Parfois, la course ne suscite pas la moindre émotion et les plus forts l'emportent sur les concurrents prévisibles, qui sont simplement abandonnés quelque part. C'est exactement ce qui s'est passé cet après-midi-là à Roubaix.

Quelques semaines plus tard, Flup remporte Paris-Toulouse en deux étapes. Figuet se retrouve à l'arrière dans les derniers kilomètres de la course en deux étapes. C'est le drame. Thys ne rate pas l'occasion. Il montre de belles qualités, sait contenir à merveille l'orgueil de sa jeunesse, fait preuve de maturité tactique et se trouve en tête de la course quand il le faut. Beaucoup de jeunes coureurs ne se laissent pas décourager et sont décrits comme des hommes de pouvoir exceptionnels dans le prologue des articles de journaux. Quelques chapitres plus tard, bardés de crampes, ils sont rayés du compte.

▲ Odiel Defraye

Depuis la ville rouge (Toulouse est construite en briques rouges), Philippe, fier vainqueur, rentre immédiatement chez lui. Pour le tout premier championnat de Belgique des indépendants, il veut d'emblée viser haut. Le parcours autour de Bastogne devrait lui convenir.

L'important groupe de tête reste groupé car la course ne dépasse pas 100 kilomètres. La tâche calibrée lors d'une course au titre remonte encore au cyclisme primitif, où le temps sur une distance déterminée était important. La fédération ne veut pas jeter cet aspect par-dessus bord. Du coup, la course n'est pas assez sélective et dans le sprint rapide, Armand Lenoir fait parler de lui. Thys n'est même pas classé. Une heure plus tôt, un autre outsider, Odiel Defraeye, s'est emparé des tricolores chez les pros.

Thys reste peu de temps dans le pays pour gagner un critérium à Bertrix, puis un autre, à Huy, pour faire plaisir à Depas. Enfin, il s'illustre dans une sortie de six heures sur la piste de Charleroi. La libération est totale. Soudain, tout fonctionne, sans effort. Flup saute à la vitesse de l'éclair dans le train de nuit pour Paris. La nouvelle ville industrielle de Turin organise une exposition universelle pour rivaliser avec la ville voisine de Milan. Une courageuse course d'avions en dix étapes est prévue entre Paris et Rome, jusqu'au terrain de Fiat. Peugeot commande une course par étapes pour les cyclistes : le Paris-Turin de trois jours avec des étapes à travers les Alpes. La formule de la course est nouvelle et stimulante ; les coureurs partiront séparément chaque matin, dans l'ordre inverse du classement. Le constructeur français du Lion loue une surface de stand impressionnante au salon de l'industrie. Peugeot passe alors une grosse commande de champagne, fait préparer des biscuits raffinés et invite des personnalités importantes. Le marketing mix et les villages VIP sont de tous les instants. Les aviateurs de la course d'avions arrivent le 15 juillet. En route, Rolland Garros (pionnier français de l'aviation et héros de guerre dont le nom sera associé à titre posthume à l'Open de France de tennis en 1927) s'est écrasé en raison d'un problème de moteur sur la terre rougeâtre de la Toscane.

La veille, la course cycliste Paris-Turin, d'une durée de trois jours, a débuté à Paris. La première étape compte 322 kilomètres jusqu'à Dijon. Dans un sprint apothéose, Thys devance Salmon. Philippe fracasse sa roue plus vite que son compatriote, de sept ans son aîné. Le Wallon est un grand fondeur et un grimpeur redoutable, mais heureusement pas une bombe de sprint. Les premiers poursuivants, Figuet, Bertorelli et Garda, arrivent dix minutes plus tard.

L'étape suivante mène les coureurs à Genève. Grâce à un système de départ innovant, Thys et Salmon partent pratiquement ensemble pour un court trajet de seulement 195 kilomètres. Philippe fort Félicien n'arrive pas à suivre et doit laisser deux minutes. La plupart des concurrents laissent beaucoup plus de temps. La victoire au classement général se joue entre Belges. Thys sait qu'il a jusqu'à Turin pour gagner quelques minutes. Cela devrait fonctionner. C'est une solution viable : rattraper Salmon le plus vite possible et attendre la ligne pour le battre une fois de plus au sprint. Tout se passe comme prévu. Salmon est un grimpeur, mais Thys grimpe apparemment encore mieux. Il est exactement sept heures, heure italienne, lorsque, sur le Corso di Francia, il renvoie à grandes enjambées le têtu Namurois. Thys se faufile entre les renifleurs de gélatines, les flics gesticulants et les vendeurs de ballons, et se retrouve dans les bras de Monsieur Robert Peugeot.

Deux des trois courses sont terminées. Flup prouve qu'il maîtrise bien la distance pro : sans faiblir. Lors de l'inauguration dans le nouveau stade du quartier voisin de la Crosëtta, une méga-lourde bouteille de vermouth attend les participants. Les dignitaires de la ville se passent ensuite furieusement autour du cou l'animal trophée chargé et blasé. Nietzsche, l'année de naissance de Thys, n'a-t-il pas fait voler un cheval battu jusqu'à son cou pour l'étreindre ? Une invention du roman Crime et Châtiment de Dostoïevski.

La victoire de Thys est terriblement réelle. Un court séjour s'annonce. La tour Mole Antonelliana et les studios de l'industrie cinématographique - dont Turin est alors la capitale - invitent. Il s'agit de se remémorer et de laisser les souvenirs frais s'imprégner. Le voyage à travers les hautes montagnes avec son silence glaciaire a impressionné. Les particules d'air pur, qui génèrent de l'énergie et rendent magique la poussée en montée pendant une éternité, ont été une découverte. En ce qui concerne les bonbons explosifs au café, un kilo pour la maison s'il vous plaît, ou plutôt deux.

▲ Vainqueur Philippe Thys à l'arrivée de Paris-Turin pour les Indépendants, 1911.

1911

Impressionnisme

L'esprit de découverte, dans lequel les jeunes peintres de l'époque allaient chercher la nature et l'enduisaient de vraies couleurs et de lumière rayée, trouve une variante sportive avec le Circuit Peugeot-Wolber. Dans ce Tour de France prometteur, des centaines de coureurs sont lâchés comme de jeunes coqs. Ensemble, ils se réfugient dans un récit d'aventure, ondulant sur leurs limites physiques.

La première édition, en 1910, a connu un succès énorme et enthousiaste et s'apparentait plus à une exploration de villes bienveillantes et de scènes bucoliques qu'à une course cycliste. Avec pas moins de 526 coureurs inscrits, ils ont visité 14 villes-étapes sur 3 000 kilomètres. 316 ont survécu à un mois de tour de France. Guénot s'est révélé être le meilleur et est promis à un bel avenir. Henri Pélissier, qui remportera le vrai Tour de France en 1923, est troisième. Quoi qu'il en soit, l'histoire de la propreté devrait être prolongée en août 1911. Sur 16 étapes cette fois, et de préférence avec un peu moins et mieux de monde. Le tour d'horloge de L'Auto est terminé. Le fils d'un épicier abstinent est finalement devenu le grand vainqueur grâce à une cadence régulière, même si toute l'attention s'est portée sur le second. Paul Duboc est resté empoisonné sur une meule de foin. Cyprien (Gustave) Garrigou, en tant que vainqueur du classement général, était hors sujet. Heureusement, le Parisien de Pantin peut maintenant fêter son heure de gloire. Bientôt, il croisera Monsieur Philippe. Dès lors, la victoire ne se fera plus. Desgrange écrit à propos de la première victoire de Thys sur le Tour que le Belge a fait preuve d'une extrême régularité, qualité que seul Garrigou a pu approcher.

Nous sommes loin du compte. Thys a suivi de près les exploits des grands champions en juillet. Le 4 août, ce sera son tour. Confiant et bien dans sa peau, il est prêt pour la première mission décisive de sa carrière de coureur. Le Bruxellois veut montrer qu'il est le coureur de fond de demain. Le Circuit Français Peugeot fait parler de lui avant même que le drapeau de départ ne s'abaisse. La Fédération française de cyclisme décide de n'homologuer la course sous aucun prétexte. Les organisateurs admettent des coureurs qui purgent des peines ou qui ont des amendes à régler. Il n'est plus possible de gâcher le plaisir des jeunes.

Le rival le plus enragé de Thys sera Gabriel Figuet, originaire de Hauterives près de Valence, aujourd'hui au-delà du redoutable Lyon. Les foules sont étrangères au département de la Drôme à cette époque. La région est un ensemble de pentes violettes et bosselées avec, à l'occasion, un village lent où l'on joue au cricket et un Vooralpen encadré à l'horizon. Pour se préparer et vivre une grande course par étapes, c'est un terrain de choix. Figuet a déjà prouvé à Paris-Toulouse à quel point il peut être fort pour la journée. C'est un peu un drôle de flocon. Il y en a beaucoup dans sa ville natale d'à peine mille âmes. Le facteur Fernand Cheval y pose au même moment la dernière pierre de son irréel Palais Idéal : une accumulation massive de matériaux rocheux considérée comme l'une des expressions les plus remarquables de l'architecture naïve. Une demi-vie plus tôt, la fascination a frappé en ramassant le premier morceau de roche. Son palais deviendra un monument national.

Le 2 août 1911, Thys fait charger son vélo avenue de la Grande Armée, tandis que les retardataires sont inexorablement renvoyés chez eux. Ils pourront participer à nouveau l'année prochaine... s'ils apprennent à être à l'heure. Le monde est artificiellement spartiate à cette époque.

A 6 heures du matin, 320 participants sont prêts à Champigny. Le mois d'août 1911 est approximativement l'un des mois les plus chauds du recensement. Entre le 4 et le 20 août, le mercure dépasse les 30 degrés pendant une quinzaine de jours. Jusqu'à 40 dans le sud et même 35 sur la côte atlantique, où les brises océaniques imposent cependant toujours la fraîcheur bien à l'intérieur des terres. Le coup d'envoi est donné pour le coureur local Kippert. Il roulera en solitaire jusqu'à Nancy dans un air étouffant. Après la journée de repos qui suit chaque étape, ils parcourent le Ballon d'Alsace comme les grands. Figuet accumule les points d'avance.

Aux usines Peugeot, sur la route de Chalon, les 8 000 ouvriers se voient accorder une heure de repos par Monsieur Robert et Monsieur Etienne. Sur près de trois kilomètres, une haie impressionnante de spectateurs avec des banderoles se forme : la chair de poule. Dans la côte de Maiche, Thys est avec eux et tente avec succès de remporter l'étape jurassienne. Chavière reste leader et Figuet le suit de près.

▲ Ravitaillement dans le Tour Peugeot-Wolber, 1911.

En direction de Clermont-Ferrand, où il fait une chaleur accablante, des kilos de clous jonchent la route. Philippe s'en sort miraculeusement.

Pendant ce temps, les habitants de Paris tombent raides morts et les charriots s'enfoncent profondément dans le macadam gluant et fondant. L'explosion des thermomètres n'empêche pas Castelain de monter un grand raid avec Tiberghien. Le Belge est brûlé par le soleil, mais le Nordiste persévère jusqu'à la ligne. C'est pourquoi Thys n'est que deuxième. Mais il s'en sort très bien au classement. Les corps épuisés ne parviennent pas à trouver le sommeil. Le mercure ne descend jamais en dessous de 25 degrés. Cela doit annoncer la fin du monde.

Le verdict final n'arrive pas tout de suite. A quatre heures, le coq chante et un instant plus tard, les portes sont frappées. Direction Bayonne salée, où un deuxième bouquet attend Kippert. Philippe est en pleine forme et reprend les quatre points qu'il a bêtement perdus face à Figuet à Périgieux. Chavière est toujours largement en tête. Jusqu'à ce qu'il prenne un raccourci en Pays Cathare et doive faire ses valises. Thys ne s'améliore pas. Il est victime d'une casse de roue et va à nouveau désespérer. Une discussion avec Sicat lui redonne le moral. Ce boutonneux de 15 ans est encore en course, sur un vélo lourd avec des pneus ordinaires. Il doit tout gérer lui-même. Les vrais reclus, qui comptent sur la bonne volonté des gens pour le pain quotidien et le lit, auront du mal à s'en sortir. Entre Carcassonne et Nîmes, la France présente ses pires routes. Le régional Falandy doit se débarrasser de la poussière blanche et repousser des supporters enragés au ravitaillement de Béziers. Ils remplissent son sac de fruits et de friandises. Quand on veut lui apporter rapidement un autre paquet vivant, la bonne âme fatiguée pique une colère.

Vallotton - deuxième au classement général l'année précédente - vient rouler à l'avant. Flup connaît Leon du Veloclub Levallois. Un autre Suisse résidant à Paris s'agite : Egg roule fort. Mais il reste inoffensif pour le classement. C'est le champion des crevaisons. Le malchanceux coud sans cesse des chambres à air, assis les jambes croisées, vélo tendu sur la route. Figuet est différent. Il a déjà roulé sur le circuit un an auparavant, il rayonne de puissance et devance Thys d'un point. Il fait encore plus chaud le long de la mer qu'au Centre. Si les flancs de l'arrière-pays de la côte azuréenne font très mal, cinq d'entre eux partent à l'assaut de Nice.

Figuet est à nouveau enthousiaste : il dévie de sa ligne et plaque Vallotton contre l'arrivée. Il gagne pour dix centimètres sur Thys, mais après réclamation, le vainqueur de l'étape est rétrogradé à la dernière place du groupe de tête. Philippe est le nouveau leader. Léon est secrètement remercié. Avec un verre de génepi local, le petit frère de l'absinthe ? Maintenant, le bonbon peut encore être versé. La combinaison avec l'air tropical persistant met les coureurs KO.

Dans la lointaine ville lumière, les gardiens du Louvre découvrent par hasard que la Joconde a disparu. Selon Figuet en colère, Thys est le voleur de service. Il veut faire valoir son mécontentement et se retirer de la course. Les menaces n'ont pas d'effet et Gabriel n'a d'autre choix que de pédaler vers Valence avec les 143 autres. Tout le monde l'attend à la maison, avec ou sans papiers de leader. Le méridional agacé va-t-il déclencher un feu d'artifice en chemin ?

Les 380 kilomètres de plomb de la légendaire Nationale 7 font peur. Les temps de passage aux points de contrôle sont allongés et la pente de Grasse est gracieusement parcourue à pied. Sous un ciel en sueur, l'œuf gagne. L'obstiné gagne. Les hommes du classement prennent un grand jour de repos. Ça dégouline. Lentement d'abord. Soudain plus fort. Et encore plus fort. Une averse pendant l'apéro copieux aux frais de la mairie refroidit les corps aigris. L'insouciance d'une journée de repos sur place sauve la moitié du peloton de la destruction.

Il n'est pas nécessaire de partir le lendemain de la journée de repos avant huit heures pour Clermont, ville où le parcours en forme de huit traverse deux fois la France. Le concept du pendule donne une impression plus complète du Tour de France que le grand tour de Desgrange, qui ne fait que parcourir les contours du pays. Unleashed Egg entraîne Rondeau dans un long vol. En vue du boulevard Cergovia, l'Helvète décolle seul. Thys subit une nouvelle crevaison en vue de l'arrivée. Elle lui coûte des points. Figuet reprend la tête. Après le pompeux punsch d'honneur, le gourmand Egg tombe malade. Il ne repartira pas. Vers Poitiers, la caravane s'élance à travers le Limousin et la Gironde, où les vaches savoureuses dont Egg raffole peuvent humer les vignes. Thys veut forcer la course et court jusqu'à six minutes, mais vers la fin Engel le rejoint, pour battre l'énergique Belge au stade Poitvin. Figuet a les genoux qui flanchent ce jour-là et n'arrive qu'en 11ème position. Il se retrouve donc soudain avec un retard de six points.

Alors que Georget remporte Paris-Brest-Paris, les 119 autres jeunes carcasses se précipitent vers Nantes, ville favorable au cyclisme. C'est au tour de Figuet. Thys se sent faible et perd rapidement le contact. Aidé par des outsiders, le Français pousse fort et remporte l'étape.

Philippe termine à la 9e minute et donne des points. Le retard du Provençal est de trois traits. Les tambours et les clarons réveillent le peloton dès quatre heures du matin, car Brest attend à des kilomètres. Engel, Huret et Goethals partent pour une journée de balade. A Vannes, Thys fuit, à Auray encore. Figuet reste sur place, fatigué par le raid d'hier. Thys est toujours à cinq minutes à Lorient. La course va-t-elle finalement basculer ?

La pluie porte secours. Figuet aperçoit l'éclaboussure d'un pasteur. Il est pris au piège et glisse prudemment dans les villages glissants. Il n'est pas question de prendre plus de risques. La menace est écartée. Bien de retour à bord du groupe keur, Phlippe connaît un nouveau coup dur à Daoulas. Mais il est d'un calme à toute épreuve et rejoint le groupe avant même qu'ils ne traversent les grandes eaux de l'Elorn.

Dans le sprint collectif pour la quatrième place, Thys, intrinsèquement plus rapide, rampe encore sur Figuet. Deux points de bonus chèrement acquis tombent dans l'air marin strident. La sortie dans le virage de Laval n'a pas grand-chose à voir avec la course. La chaleur est de retour. Goethals s'impose à nouveau et Thys, troisième, obtient à nouveau moins de points que son rival. Figuet est en pilotage automatique, il s'accroche mais manque de poigne. La route de Paris et des 6 000 francs est ouverte. Encore un lever matinal. Il fait déjà très chaud en ce 3 septembre. En une heure de départ nerveuse, 35 kilomètres sont avancés. Un groupe de tête de 32 gris se faufile entre pas moins de 10 000 spectateurs, encombrant complètement le marché aux chevaux d'Alençon.

A Dreux, Thys récupère une crevaison : trop vite et mal. Une deuxième crevaison s'ensuit. Poursuivi avec acharnement, il se trompe à nouveau : troisième crevaison. Le stock est épuisé. Il doit continuer sur la gente jusqu'à la prochaine ville. C'est à nouveau la panique. En refaisant le stock, il rencontre Figuet, lui aussi en convalescence. Sun n'a aucune pitié. Tous deux ne pensent qu'à monter fraternellement à cheval au lieu de se battre.

Trop c'est trop. Versailles, la côte de Picardie, Saint Cloud, le pont de Puteaux. Valloton ou Leuvener Lauwers ? L'un ou l'autre est assuré de remporter la dernière étape. Le Suisse a une longueur de vélo d'avance et Thys arrive troisième à la Porte Maillot 15 minutes plus tard. La porte ouest du Bois de Boulogne, à l'époque le terminus sacré de toutes les courses célèbres. Un peu moins de 100 chanceux arrivent à Paris.

Le vainqueur du classement général monte sur la plus haute marche du podium avec 75 points. Figuet, plus riche de 14 points - mais ce n'était justement pas le but - se tient à ses côtés. Valloton monte sur la dernière marche. Après le coucher du soleil, Alibert chargera la lanterne rouge Reboutier de 2001 points. Les musiciens de L'Algérienne jouent l'hymne national belge devant une scène internationale. Ce pourrait être un grand, mais ce n'est pas une certitude. Belayer Figuet ne percera jamais, faute de sagacité nordique. Le fils du peintre suisse ne deviendra même pas cycliste professionnel.

▲ Gabriel Figuet

▲ Le Circuit Français Peugeot-Wolber a pu compter sur l'intérêt du public.

La Fédération internationale de cyclisme suspend tous les coureurs qui ont emprunté le Circuit Français Peugeot. Heureusement, elle le fait à bon escient. Pour ne pas mettre l'UVF complètement dans le vent, elle prononce effectivement des pénalités qui commencent diplomatiquement en octobre et se terminent le 2 novembre : entre programme route et programme piste. Très brièvement, une rumeur circule selon laquelle Thys va rapidement prendre une licence pro pour courir le Giro di Lombardia le 5 novembre. Ceux qui connaissent Flup savent mieux que lui. Chaque chose en son temps.

▲ Philippe Thys après avoir terminé la dernière étape du Circuit français Peugeot-Wolber, 1911. Il vient de remporter le Tour de France des indépendants.

1911

Coucou prudent

A près une semaine de repos bienvenue à Paris, le vainqueur de la manche Peugeot revient en Belgique. A Bruxelles, il faudra être patient. Thys récupère d'abord les fonds de départ au vélodrome de Liège. Le lundi soir, il arrive à la gare du Nord, place Rogier. Les chemins de fer n'aident pas. Le train en provenance de Liège est retardé et les dignitaires qui attendent sagement sur le quai n°6 voient le champion entrer par la voie n°2. Le comité d'accueil est désorienté et doit faire des escaliers.

Porté par ses partisans, Philippe se retrouve face à des centaines de fêtards, des photographes en goguette, des dizaines de drapeaux et des feux d'artifice au bengale. Les deux policiers en faction à la sortie du commissariat appellent à l'aide. L'association Anderlecht Attractions a organisé une fête en sept temps, dont certains ont été négligés. Le service d'ordre interne s'en accommode. En tête du cortège, un grand Hommage au vainqueur du Circuit Français banderolé descend le boulevard de la ville en direction de l'assemblée locale.

Flanqué de papa et maman, Thys se tient debout dans une voiture fumante qui arrive de justesse sur la place Bara. Dans leur sillage, un trio d'associations se met en place. Celles-ci se surpassent par la taille des gerbes. Sous les lanternes, les drapeaux et les guirlandes, le cortège danse dans la rue de Fiennes jusqu'à l'hôtel de ville de la place du Conseil. L'échevin Crick doit excuser et remplacer l'ancien maire. Mayeur Moreau, en tant que conseiller, est déjà au premier rang avec lui lors de l'inauguration de la fierté communale. Il est aux commandes de la commune depuis plus de 30 ans et s'est même assis à la table des habitués de Het Klein Eiland, le pub de l'ancien bourgmestre Van Lint, lorsque les premiers plans d'un nouvel hôtel de ville de style renaissance flamande ont été dévoilés. Ma les connaît sur le bout des doigts, les politiciens d'hier et d'aujourd'hui. Crick est né à 't Eiland. Le berceau de Van Lint se trouvait à 't Klein Eiland, sur le Mierenweg. Au Paepsemmolen du maire Rieke De Potter, il y avait une autre taverne portant le nom spirituel de Het Eiland Sint Helena. Un oncle par alliance était meunier au moulin à grains et son fils Lomme devint brasseur de bière. La mère Thys s'égare dans ses pensées. Mais lorsque les orateurs Lemmens, au nom du comité d'inauguration, et Varlez, au nom de la presse sportive, étoffent l'éloge de son fils, elle est à nouveau debout. Le vin d'honneur est versé et bu avec empressement. Le moment est venu. Le zegestoet avance jusqu'à la rue Wayez, pour finalement s'installer dans la salle Poly, recréée dans un arc de couleurs et de parfums.

La Dernière Heure se termine le lendemain par : la salle tout entière croule sous un tonnerre d' applaudissements. Les supporters exubérants, abreuvés de bière du Cygne et de musique de circonstance, tournent brusquement ...En kende gei la fille de Maree Planché in. Et que pense Thys de tout cela ? Il remercie tout le monde avec politesse et gentillesse et s'amuse à distance. Après une tournée festive au Joermet d'Anderlecht, le Brussels Sportif a organisé un nouveau banquet fin septembre. Le Civet de Lièvre façon Thys, est imprimé avec des boucles d'or sur le menu. Philippe emmagasine des calories et consomme à nouveau peu de mots. Les émotions sont habilement canalisées vers la détermination. Un comportement de champion. Le costaud a trouvé son truc. Il est au mieux de sa forme sur les longues distances et ne se dégrade guère au fur et à mesure des sorties. Il sait économiser son énergie, rester calme, bien dormir et supporter la chaleur. Il sait déjà que les théories scientifiques peuvent être appliquées avec succès. Il vient de découvrir qu'il y a un avantage immense à gagner lorsqu'une course est longue.

La famille Thys a reçu de mère nature un corps de sportif qu'elle transmet volontiers. Le petit frère monte lui aussi sur le vélo de course. Il deviendra un coureur plus qu'honorable. Guillaume possède lui aussi un excellent moteur, mais pour une illustre raison, il ne fait pas partie des champions de l'essence. La parfaite circulation sanguine de son frère sera ensuite transmise à sa fille Josée. Après la Seconde Guerre mondiale, en tant que capitaine de la mythique et imbattable Atalante Bruxelles, elle a remporté huit fois le titre de championne. José Thys a été appelée plus de 100 fois en sélection belge. Elle est incontestablement la meilleure basketteuse du pays jusqu'à l'arrivée d'Ann Wauters. En été, la nièce de Philippes est active en tant que lanceuse de javelot et de disque. Là aussi, elle remporte plusieurs titres nationaux, mais le sport féminin est trop local à l'époque pour rêver d'une carrière internationale. La littérature sportive l'a également complètement oubliée. Dans les livres contemporains sur le cyclisme, Thys est présenté comme un excentrique. Faire sortir quelqu'un du lit au milieu de la nuit et le faire monter sur un vélo semble à la fois fantastique, morbide et marginal. Greffer les coutumes d'hier et d'aujourd'hui l'une sur l'autre peut constituer un fait excentrique amusant, mais les lecteurs actuels seront pris par surprise. Dans les années Thys, se lever très tôt n'est pas une exception. En mai, le soleil est prêt à se disperser dès quatre heures du matin et le citoyen sans électricité se lève dès que la nature s'illumine. Ce n'est qu'en 1916 que les forces d'occupation allemandes ont introduit la nouvelle heure, communément appelée heure d'été. En fait, dans les territoires occupés, elles ont réglé l'horloge sur l'heure d'Europe centrale, ce qui a retardé l'apparition du soleil. Contrairement à nos pays voisins, l'heure d'été est maintenue en Belgique jusqu'en 1940. La crise pétrolière des années 1970 remet l'artifice de l'horloge au goût du jour. Ce qui explique vraiment l'essor extrêmement précoce du début du 20e siècle, c'est le mécanisme des fuseaux horaires. A partir du 1er mai 1892, la Belgique se met à l'heure de Greenwich, au grand dam de Bruxelles qui reste volontiers 17 minutes et 29 secondes plus tard. Le jeune Thys et ses concurrents opèrent certainement en même temps, dès l'aube.

Jusqu'en 1916, le soleil se lève deux heures plus tôt en été qu'il ne se lève plus tard. Les gens ordinaires n'ont pas l'habitude de rester au lit. Les courses les plus passionnantes sont courues aux premières heures du marché et les grandes courses classiques sont disputées la nuit. Sinon, comment auraient-ils pu terminer plus de 300 kilomètres de route nue ? Les auberges se remplissent dès neuf heures du matin le dimanche, avec toutes les conséquences que cela implique. À cette heure-là, les pigeons sont déjà tombés et les hommes ont déjà récolté les légumes, les femmes peuvent donc se mettre au travail. Philippe est peut-être déjà du matin et en tire profit, mais ce qui est bien plus important, c'est l'intérêt qu'il porte à la vie étrange et à l'exercice physique. Il se plonge dans la diététique et fait de l'entraînement par intervalles. Un cycliste reste un personnage exceptionnel à cette époque. Selon l'origine, il s'agit d'un dandy je m'en foutiste avec des traits de caviar issus du sport de pionnier mondain ou d'un ours paysan hors catégorie, qui mange de gros struts (sandwichs en flamand occidental) et suce jusqu'à deux douzaines d'œufs avant le départ. Quoi qu'il en soit, les deux types ont en commun de défier le corps humain. La flagellation doit être incisive et globale.

Thys n'a pas de moustache taillée, soi-disant pour réduire la traînée. En fait, parce que pour un pilote de course, c'est un tapis sale qui gêne. Il s'entraîne essentiellement hors compétition, ne participe pratiquement pas aux courses, se prive de lard de porc d'un centimètre d'épaisseur dans son pain quotidien et se prive d'alcool et de sucreries, à l'exception du pain d'épices.

D'un tempérament ascétique, Philippe devient un métronome calibré à la suite de ses relations avec les membres du Veloclub Levallois. Une fois sous le charme de Paris, Philippe se préoccupe encore plus de ce qu'il doit manger, se reposer et s'entraîner. L'emploi du temps millimétré de la journée est rarement dérogé. D'un peu plus de quatre heures jusqu'à environ dix heures lors d'un voyage d'entraînement. Lecture et consultation du courrier, repas de midi et sieste. Ensuite, longue promenade à l'extérieur, à pied et parfois en jogging, via 't Eiland près du Zennebroeken et par le sas van 't Rad - où un nouveau quartier ouvrier est en construction - jusqu'à la cour de ferme d'Aa, le Zuunbeek et 't Negemanneke. Parfois, le voyage se poursuit directement à l'écluse, le long du canal jusqu'à Ruisbroek. Parfois, il y a un gué dans le paysage vallonné autour de Beersel. Philippe fait le vide dans sa tête, met tout en ordre dans la chambre haute et marche jusqu'au crépuscule. Après une deuxième toilette rafraîchissante, il prend un dîner léger et limité vers sept heures - ce qui est assez tard pour l'époque - et se couche à neuf heures.

Après sa victoire sur le Tour 1914, Thys explique dans une interview à L'Auto à quoi il doit son succès. *Au printemps froid, il faut s'entraîner, mais ne pas faire de travail de bourreau. C'est mauvais pour le corps. La préparation minutieuse de la grande tournée commence en mai. Il s'agit ensuite d'exécuter correctement le programme d'entraînement prévu. Aucune course à laquelle on participe pendant la préparation ne doit être une obsession ou un objectif convenu. De Paris à Tours, il a fait beau et chaud et je suis resté dans le groupe de tête pour accumuler les kilomètres. Comme le groupe continuait à bien fonctionner, j'ai tiré le sprint pour Oscar Egg et j'ai terminé troisième moi-même. Dans Bordeaux-Paris, j'ai suivi jusqu'au moment où le corps m'a dit que j'étais bon mais pas prêt. Dans Paris-Vienne, j'ai attaqué sur une courte pente à la sortie d'Arras. C'était un moment de test où je devais voir combien de temps je pouvais fournir un effort. J'ai relâché la pression au bout d'un moment, mais ils ne sont pas revenus. Ensuite, j'ai continué à avancer pendant 110 kilomètres. Je n'ai pas perdu d'avance et je n'ai pas eu besoin d'aller au fond. Dans ce cas, autant gagner tout seul. Paris-Bruxelles était pourtant sur ma liste de souhaits. Je peux le faire début juin, car il s'inscrit parfaitement dans la fin de ma préparation. Mais il faut que tout se passe bien. Après le contrôle à Reims, la pluie s'est mise à tomber de plus en plus fort. Au passage de la frontière, de l'eau glacée est même tombée. J'ai appelé le directeur sportif Baugé et je suis monté dans la voiture avec des vêtements chauds. Si j'avais continué à suivre Mottiat, je ne serais peut-être pas là aujourd'hui. Le vainqueur de Paris-Bruxelles est toujours malade. Quant au déroulement du tour lui-même, c'est la survie au quotidien. Rester lucide. Regarder devant soi et évaluer les risques, observer le sol pour éviter les chocs. Regarder à nouveau vers le haut à temps pour éviter de heurter les poulets, les chiens, les chèvres et les longhorns. Les Français laissent courir tout ce qui vit sur des pattes. Les paysans eux-mêmes sont également dangereux. Ils marchent le long de la route ou traversent comme s'ils venaient d'un autre monde, sans même comprendre qu'il se passe quelque chose. Je n'ai eu qu'une seule crevaison dans ce Tour, au mauvais moment. Lors de la quatrième étape vers La Rochelle : Georget était en tête et Rossius voulait profiter de mon changement de pneus pour créer une échappée. Je ne dépasse jamais un adversaire sans m'éloigner d'au moins un mètre. S'ils me dépassent, je me déporte automatiquement sur le côté de la route. C'est incroyable le nombre de fois où ils tombent bêtement. Dans une course par étapes, perdre sa concentration coûte à chaque fois un effort. Pour la première fois, nous avons reçu un sifflet pour envoyer des avertissements dans les descentes. Beaucoup de coureurs s'en moquent. Pas moi. Voilà pour les arguments contre l'improvisation.*

Philippe est déjà très prudent, mais cela n'empêche pas qu'il s'est cassé la clavicule quatre fois et qu'il a souvent été mis à l'écart par la malchance dans sa jeunesse. Même en tant que grimpeur, Thys joue la carte de la sécurité et les journalistes sont toujours frappés par la bizarrerie avec laquelle il aborde les ascensions. Il laisse libre cours à ses adversaires qui veulent à tout prix rester sur le vélo, dans des endroits où il est presque impossible de rouler. Philippe grimpe plus régulièrement, descendant parfois à l'improviste pour remonter brusquement. Poser le pied sur les pentes les plus raides est alors chose courante, ce n'est même plus une honte. Les ingénieurs français ne sont pas encore là pour rendre le flanc de la montagne plus lisse et digeste pour les amateurs de sports d'hiver. Les connaisseurs trouvent peu de système dans la tactique d'escalade de Philippe. Pourtant, le Belge sait parfaitement ce qu'il fait. Il est important de contrôler l'impulsion pour minimiser les dérapages. Flup s'accroche donc, essayant de rester proche et de se remettre des mauvais moments. Beaucoup roulent jusqu'à ce qu'ils tombent littéralement à la renverse. Le Bruxellois se dégrade plus lentement et arrive généralement en tête dans la dernière moitié de la course, pour être le meilleur des mourants. En cas d'effondrement, Thys lâche immédiatement prise, modère son allure, mange, boit ou s'arrête et se détend un moment jusqu'à ce que les forces reviennent. Il ne fonce pas tête baissée. Après l'arrivée, on le verra rarement traîner autour de la ligne d'arrivée. Arrivée, remise du vélo au préposé Charles Deruyter, prise du peignoir du père Bartélemy et départ avec lui dans un véhicule jusqu'à la chambre d'hôtel. Immédiatement. Pas de boissons fraîches, pas de repas incontrôlés. Bref, la version la plus réalisable à l'époque du bus de l'équipe Protour avec boisson de récupération et machine à laver. Transformé à la perfection.

1911

Les chevaux du
Flandre occidentale

En 1912, Odiel Defraeye est le premier Belge à remporter le Tour. Le cyclisme connaît un regain de popularité frénétique. Les Flamands de l'Ouest ont fait vivre la course autour d'un village. Un Torhouten du hameau de Wijnendaele, plus commentateur que coureur, a ensuite remis le sport sous les feux de la rampe. Une fois le renouveau amorcé, les coureurs les plus forts ont cherché de nouveaux défis et ont traversé le schreve. Ils se sont mis en tête de battre la France sur son propre terrain ... en Robaais, en passant par la Côte d'Opale jusqu'à la Normandie et Paris.

Catteau, Van Hauwaert et son compagnon Messelis étaient des cavaliers costauds de ce que l'on appelait peu de temps auparavant - dans le jargon local - des véloce-peerden. Ces gag figures sont les premiers compatriotes à gagner leur vie en tant que coureurs de pain. Ils ont attiré en Belgique les grandes maisons de cyclisme françaises, qui cherchaient à se doter de ces géants, pour mettre à l'abri du vent leurs vedettes locales, souvent classieuses mais fragiles.

Les Flandriens sont plus volontaires et moins chers que les Français. Mais plus vite que prévu, ils découvrent leur poids réel en monnaie sonnante et trébuchante. Les salopards réclament une augmentation et menacent de rouler pour leur propre compte. Les dirigeants de l'équipe intouchable se rendent compte qu'ils feraient mieux de nourrir le gros bétail. En les transformant en adversaires, ils n'avancent

◀ Odiel Defraeye, vainqueur du Tour de France 1912.

pas. La publicité de marque est toujours bonne, même si elle est faite par des étrangers. Mais l'opinion publique française n'aime pas les Belges. À cette époque, le nationalisme est omniprésent, même chez nous. Le jeune État belge a besoin de patriotisme et d'exploits pour accrocher ce sentiment. Defraeye y contribuera. Au moment où le cyclisme reprend, Philippe Thys fait son entrée dans le cyclisme. A peine quatre ans plus tard, il est professionnel.

En 1912, Thys est déjà aux côtés des grands à Milan, suivant jusqu'à Sanremo. Un moment déchirant : ils peuvent suivre jusqu'au bout. À ce moment-là, le Poggio est une route herbeuse que seuls les ânes peuvent supporter. Les coureurs le traversent à la vitesse d'une flèche. Des garçons sophistiqués qui connaissent l'entrée de la ville de Primavera trouvent une petite ouverture après un virage à angle droit. C'est suffisant pour rester en tête. Flup est longtemps satisfait et termine 23ème devant Van Hauwaert. L'insistance après une regrettable crevaison à Cervo n'est plus nécessaire. Il est tombé une fois, a crevé deux fois et n'a jamais été en difficulté. Henri Pélissier s'impose au sprint devant Gustave Garrigou, Jules Masselis, Ezio Corlaita et André Blaise. Tous dans le même temps. Une semaine plus tard, au petit matin du 7 avril, l'affable Edmond Proniez Thys remet un grand numéro 8 en lin, muni d'épingles cuivrées. L'appel est fait à sept heures et quart à Chatou et c'est parti pour la course d'enfer Paris-Roubaix. 164 kilomètres jusqu'à la pente cruciale de Doullens, puis une bonne centaine jusqu'à l'arrivée sur le vélodrome.

Flup tourne à l'équerre, une condamnation à s'accrocher tranquillement. Le favori Garrigou tombe sur un chien, revient courageusement avec deux genoux cassés, mais connaîtra son maître sur la piste de Barbieux dans le cavalier maison Crupelandt. Les blessures dues à la piqûre n'ont aucune importance. Gustave est un fer à repasser à l'arrivée. Defraeye et Messelis sont les premiers Belges, à quelques secondes. Vingt minutes plus tard, le peloton entre dans le complexe sportif. A l'arrière, Thys et son camarade Figuet se balancent.

Pendant ce temps, le Titanic s'abîme dans les eaux glacées parce que le climat n'est pas au beau fixe. Un hiver à 15 degrés succède à un été exceptionnellement chaud qui fragilise les glaces éternelles. Le drame fait l'objet de dessins hideux dans les journaux du dimanche. Parmi les 68 participants du Paris-Vienne qui prennent place à Suresnes, le bateau coulé est le sujet de conversation. La banlieue parisienne est un autre village dont les vignes ont échappé au phylloxéra.

Elle devient peu à peu le point de départ privilégié des courses cyclistes, motocyclistes et automobiles, même si le petit centre est enfermé dans les méandres de la Seine. Ici aussi, on sait ce que l'eau peut faire. Suresnes s'est à peine remise de la crue centennale. Dans les premiers mois de 1910, le fleuve est monté à hauteur d'épaule pendant près d'un mois. Il a ensuite fallu un mois de plus pour que le bassin parisien retrouve un calme angoissant. Pendant ce temps, les usines, les abattoirs et les centrales électriques au charbon sont à l'arrêt, les horloges publiques et les lampadaires ne fonctionnent pas.

Sortez d'ici. Flup est immédiatement dans le bon rythme et dérive vers le nord avec le groupe de tête. À eux six, ils foncent à travers les champs de betteraves déserts. Seul un paysan sarcleur, qui s'essuie le front avec sa lampe à pince, voit par surprise des cavaliers poussiéreux apparaître au loin. Il ne sait rien d'autre à leur sujet et ne se souviendra des coureurs que parce qu'un moment d'arrêt, la tête découverte par le vent printanier, lui a valu une mauvaise chute de tête. Les courses doivent annoncer un lieu de départ prestigieux et ravir une foule nombreuse à l'arrivée ; ce qui se trouve entre les deux est tout à fait accessoire. C'est ainsi que la course se poursuit, à travers un territoire désolé. Avant d'entrer dans le vélodrome de Menin, Philippe laisse courir les autres. Les sprinters le doublent. Messelis renvoie en douceur Vandaele et Petit-Breton. A Alcyon, ils seront heureux.

Le Tour de Belgique, aujourd'hui considérablement envahi par la végétation, pourrait devenir un événement important pour Thys. En 1912, la course par étapes se déroule en sept étapes, de Bruxelles à Liège, Luxembourg, Namur, Erquelinnes, Menen et Anvers, pour revenir à la capitale. Avec des étapes allant jusqu'à 250 kilomètres, la manche nationale fait preuve de maturité. Dans la première étape, les maillots Alcyon de Pélissier et Christophe et la fierté tricolore de Defraeye font virer le Liège au bleu clair. Dans les Ardennes jusqu'au Luxembourg, Pélissier et Defraeye font une nouvelle fois la fête aux Alcyons. A Namur : idem. Odiel pour Henri. Peugeot n'en peut plus et quitte la manche. Thys a déjà abandonné à son retour du Grand-Duché, à la frontière, avec une croupe suppurante. Le Tour de Belgique 1912 est remporté par Odiel Defraeye, un beau prélude à la suite.

Paris-Bruxelles se passe mieux pour Philippe. Après une première crevaison, il est rapidement en mesure de rejoindre un groupe de tête assez important. Ni la montée de Charleville, ni l'ascension de la vallée de la Meuse ne parviennent à séparer le groupe. Un peloton important continue à grimper longtemps après Overijse et Joli-Bois, jusqu'à Stokkel et Weule. A l'embranchement du Haachtse steenweg, Thys est toujours en tête.

Son futur amour est-il déjà là, quelque part au bord de la route, admirant secrètement les cavaliers, dont un en particulier ? Il n'est pas exclu que l'entremetteur ailé ait déjà tendu son arc à cet endroit. Les futurs beaux-parents de Philippe déménagent de Diegem à Schaerbeek en 1906, où le père bénéficie d'un meilleur trajet. La mère, Marie, est originaire d'Anderlecht. Cupidon a certainement une deuxième chance. Plus tard, dans l'effervescence du Wayezwinkel - et après avoir ramassé de puissants pigeons à l'auberge de Menoenkel - Thys croise-t-il sa future belle-mère avec sa fille ? Lui jetant un coup d'œil prudent sous l'agrafe d'une grande casquette, elle se pavanant en arrière, regardant en arrière ? Exactement comme devrait l'être une première épreuve amoureuse : totalement maladroite.

À l'entrée du vélodrome de Karreveld, un cheval gendarme stressé commet lui aussi une maladresse. La foule se précipite sur le côté et Flup perd toute chance d'être parmi les premiers sur la piste. Spiessens et lui passent de longues minutes à écarter les motos empilées. Quoi qu'il en soit, ce test de 300 kilomètres a été couronné de succès.

Le Tour arrive et le jeune prometteur de Peugeot se rend à Paris. Cette année-là, le paysage des marques est un peu en désordre. Alcyon est à peine sur le marché depuis dix ans. Dans ce laps de temps, Edmond Gentil, le patron de l'usine, particulièrement avisé, a réussi à ériger un bâtiment flambant neuf et à décupler les ventes en un rien de temps. Entre ses débuts bouillonnants comme chef d'entreprise en 1903 et le premier succès du Tour avec Faber en 1909, Alcyon dispose déjà d'une chaîne de production de 40 000 bicyclettes. L'entreprise commercialise des cyclomoteurs équipés de moteurs suisses intégrés - elle remporte le titre mondial en 1905 - et met au point des voitures monocylindres légères. Ses prodiges français, quant à eux, battent le Tour deux fois de plus avec Lapize en 1910 et Garrigou en 1911. Alcyon, avec Van Hauwaert et les jeunes talents Mottiat et Defraeye, conquiert rapidement le marché belge de la bicyclette. L'agressivité commerciale est le signe distinctif de Gentil. Il signe des contrats monstrueux avec les meilleurs coureurs et promet des primes qui font tourner la tête à tout le monde.

Les usines de vélos établies - même s'il s'agit d'entreprises relativement jeunes - ne savent pas quoi en faire. Le grand Peugeot a déjà quitté son équipe professionnelle pour échapper à cette surenchère absurde. Avec un circuit pour indépendants en 1910 et 1911, le clan familial de l'Est se lance et découvre du sang neuf. Face à ce succès, Gentil a déjà une mauvaise réponse. Il crée aussitôt les Huit jours Alcyon en 1911, également pour dénicher de jeunes talents. Le succès médiatique du Circuit Peugeot-Wolber est astucieusement contesté par Alcyon. Des quotidiens et des hebdomadaires sont rachetés, avec des contrats de publicité et la contrepartie de ne pas trop mettre en avant les courses Peugeot sur le plan rédactionnel.

Le sale jeu a une histoire. Edmond était la prunelle des yeux d'Eugène, le père de Peugeot, et déjà à l'époque, un jeune homme brillant et insolent, doté d'aptitudes commerciales et techniques exceptionnelles. Un jour, ils se disputent. L'ambitieux Edmond veut devenir directeur de la marque Griffon à Courbevoie. Quand les Peugeot veulent attendre encore un peu, Gentil ferme la porte. Avant ce claquement puissant, il crie haut et fort : ...on l'entendra à Valentigney !

Gentil, le nez pointu et le menton omniprésent, construit sa propre marque et rachète ensuite La Française et Thomann, entre autres. Ces entreprises sont autorisées à conserver leurs équipes professionnelles, ce qui permet à Edmond, si besoin est, de gérer une partie encore plus importante du peloton. Il a toujours et partout une longueur d'avance. Les martins-pêcheurs (Alcyon est un oiseau légendaire de la mythologie grecque) ont littéralement vidé l'assiette de tout le monde au printemps 1912.

Ceux qui achètent les meilleurs coureurs ont parfois déjà un problème de luxe. Desgrange a limité l'impact sur les équipes aux équipes d'usine comptant cinq coureurs. Alcyon est confronté à un choix difficile. Defraeye restera à la maison. Odiel est la figure de proue du distributeur Richard Bonte, qui a dépensé des milliers et des milliers de francs pour faire décoller et rentabiliser la marque en Flandre. Le lobby flamand menace de résilier les contrats de duzende et de duzende velos et se venge. Paris évite habilement de se faire mordre dans le sable. Gentil ne perd jamais. Odiel peut l'accompagner, en tant que premier assistant du vainqueur sortant Garrigou. Il y a toujours le directeur sportif Baugé : un orateur inventif qui lit la course comme personne. Il a une solution pour tout et une explication encore mieux sentie. Un nouveau coup d'éclat se prépare.

1912

Les Petits Belges

Au départ du tour de France, jusqu'à 20 compatriotes sont alignés, impatients de participer à l'action. La Belgique est ambitieuse dans les domaines de la science, de l'acier et de l'architecture. La nation se redresse, confiante et sans complexe. Thys n'aime pas cette agitation politique. Il se défend surtout et vient à Paris pour apprendre rapidement le style. Le Tour fête ses 10 ans le 30 juin et démarre au Lunapark. Ses camarades de Peugeot-Wolber, Salmon, Buyze et Deruyter, ont l'air un peu effrayés et hésitants, comme des oursons peu sûrs d'eux qui viennent caresser la chaleur du leader populaire Petit-Breton.

Le patron du Tour, Henri Desgrange, a décidé que dix équipes de marque ne pourront engager que cinq coureurs chacune, auxquels s'ajouteront 81 "isolés" qui devront effectuer le Tour sans le soutien d'une équipe d'usine. Afin de souligner l'éthique de la performance sportive individuelle, Desgrange précise quelques nouvelles règles. Désormais, l'entraide interne à l'équipe sera autorisée de manière limitée en cas de malchance. En revanche, il est interdit d'attendre un coéquipier distancé ou de céder son vélo à un compagnon d'infortune. Les articles libératoires du règlement du Tour se lisent comme une passoire et sont remplis de phrases complètes, qui peuvent être lues de l'avant à l'arrière et vice versa. La possibilité d'interprétation reste élevée. L'utilisation d'un vélo à pion libre (roue libre ou renflement qui permet aux jambes de rester immobiles) est autorisée pour la première fois. Cependant, dans certaines étapes plates et ventées, la roue libre reste interdite car sinon les coureurs oublieraient de pédaler trop souvent... Le classement sera de toute façon recalculé sur la base d'un système de points. Ce sera la dernière fois.

◀ Le peloton à la poursuite de Christophe et Buyze dans la neuvième étape entre Perpignan et Luchon.

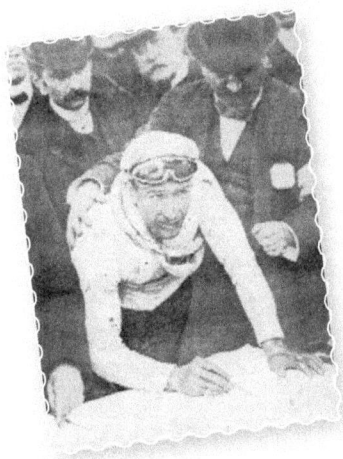

Crupelandt, après sa victoire à domicile dans Paris-Roubaix 1912, peut également remporter la première étape septentrionale du Tour. Comme les années précédentes, les routes du nord de la France sont à nouveau jonchées de clous, au grand désespoir et à la grande contrariété des coureurs. Il ne peut s'agir que de clous perdus par accident. N'y aurait-il pas aussi des crevaisons tactiquement disséminées dans les pneus ? Garrigou en sait quelque chose et explique la technique : à partir d'un point convenu, l'équipe rivale disperse des clous sur un côté de la route. Si toutes les équipes adoptent cette pratique douteuse, c'est la misère générale et les crevaisons au carré.

Les favoris Faber, Duboc, Lapize, Georget et Garrigou sont désespérément distancés. Defraeye reste à l'abri de la malchance et attend Garrigou. Odiel n'a pas été recruté pour exceller dans ce Tour. Il doit simplement assister Garrigou en tant que super-manager et l'aider à remporter une nouvelle victoire sur le Tour. Defraeye se place en tête et le duo entame une poursuite d'un kilomètre. Baugé, le patron de l'équipe, se rend vite compte que Garrigou n'a plus d'avance et ordonne à Defraeye de continuer seul. Aux points, c'est simple : chaque place compte. Il termine 14ème, loin derrière Crupelandt. Philippe Thys se noie complètement dans l'agitation de la première étape et termine 28ème.

Dans la deuxième étape entre Dunkerque et Longwy, Odiel doit encore attendre Garrigou. Le Français bénéficie toujours d'un statut protégé. La solde fixe et les primes ne sont pas négligeables, mais cela ronge le surhomme. Il est meilleur que le Gustave noir et bafoue finement les consignes d'Alcyon. Il entraîne Garrigou dans son sillage jusqu'à l'arrivée et sprinte vers la victoire. Garrigou battu à l'arrivée. Borgarello prend la tête du classement. Philippe Thys termine largement quatrième 11 minutes plus tard dans un groupe avec Christophe et Spiessens. Peugeot perd tout son leader Petit-Breton en Champagne, suite à une collision avec une vache.

Dans l'étape du Ballon d'Alsace, Christophe est le meilleur coureur, mais Defraeye devient leader du classement général. Thys n'est jamais très loin. Flup se fait remarquer pour la première fois, en s'accrochant à l'avant garde et même en revenant en douceur après la malchance. Il termine à 13 minutes du vainqueur, éliminant sur la ligne un autre Félicien Salmon. Quand les plus grands s'amusent et envoient Faber

▲ Defraye remporte la deuxième étape à Longwy.

▲ Borgarello, italien

▲Defraye, Mottiat, Christophe et Alavoine gravissent à pied l'Aubisque boueuse.

▲ Octave Lapize et Odiel Defraeye.

demander qui vous êtes, c'est qu'il y a de l'avenir. Ou bien cette histoire est-elle sortie de la plume du journaliste qui devait remplir une colonne supplémentaire in extremis ? Le Luxembourgeois est un homme de bonne humeur et certainement le genre d'homme qui complimenterait le courageux Bruxellois. Mais est-il possible qu'un pilote de haut niveau de l'époque ne connaisse pas le vainqueur du Circuit 1911, grande promesse de l'équipe d'usine Peugeot ?

De Belfort à Chamonix, Eugène Christophe récidive et reprend un point à Defraeye. Ils sont désormais rejoints par Lapize dans un mouchoir de poche au classement.

Thys arrive en compagnie d'un Albert Dupont, fin guide et connaisseur du terrain. Ils perdent une demi-heure, mais Flup joue la sécurité.

Viennent ensuite les travaux difficiles. Grenoble, les Aravis, le Télégraph, le Galibier et le Lautaret attendent. Dès la descente du premier col, Defraeye rencontre un quadrupède et chute lourdement. Avec une douleur lancinante à la rotule (ménisque), il doit continuer. Odiel pense à abandonner. Pousser sur une jambe est long et il reste encore trois cols à parcourir. La peur de l'échec frappe. Il ne court pas du tout. Son compatriote Firmin Lambot s'ébroue. Il est en forme et atteint rapidement le sommet du Lautaret. Les pensées déjà tournées vers une nouvelle pinte, il entame la descente avec insouciance. Au bout d'un moment, il s'aperçoit qu'il n'y a pas âme qui vive. Le premier passant lui fait comprendre : non, ce n'est pas la route de Grenoble, c'est l'autre bifurcation en haut du Lautaret, vers Briançon. pour Briançon. Firmin a le vertige, fait demi-tour et remonte le Lautaret une dernière fois. Arrivé au sommet et trouvant la brèche de la bonne descente, il retrouve Odiel dépité. Lambot a pitié du jeune cygne mourant. En tant que coureur de routine, il sait que le découragement aggrave les blessures et que le Tournieuweling regrettera toute sa vie de ne pas avoir persévéré. Le Wallon peut lui remonter le moral et le maintenir sur le vélo. Plus près de la civilisation, Thys est également de la partie. Il a le vent en poupe après sa très belle septième place dans la quatrième étape vers Chamonix. Christophe gagne à Grenoble après 300 kilomètres de course à l'heure de pointe. Lapize le suit de près. Les deux Belges laissent partir Defraeye sur la fin, craignant des réclamations. Mais les gendarmes de Desgrange sont partout et Thys écope de trois points de pénalité. Les dégâts belges ont été limités. Defraeye termine neuvième et reste même miraculeusement co-leader, avec Christophe. Lapize est toujours troisième à un point.

En tant que nouveau venu, Philippe ne ressent pas le besoin de jouer au cavalier seul. Il s'inscrit pour regarder autour de lui et se faire des amis. A posteriori, il gâche quatre points potentiels de podium à Grenoble. Le front intérieur se fait sentir. Thys est bien content. Le petit a réussi à survivre à la série d'une course de novices à Sint-Gillis Bruxelles et à terminer huitième dans la dernière manche.

Plus ou moins rétabli, Defraeye se bat avec Lapize dans l'étape suivante, de Grenoble à Nice. C'est une course par étapes à la vie à la mort, jusqu'à l'amabilité et l'épuisement. Lapize gagne et revient à égalité au classement. Christophe est désormais distancé. L'effort de Defraeye se venge un jour plus tard, sur la route de Nice à Marseille. Odiel fait une embardée et tombe dans le fossé. C'est là que Thys et Vandenberghe le voient étendu. Ils pensent que c'est fini et que Lapize, tel un torero, lui portera gracieusement le coup de grâce. Mais le Français ne peut faire mieux et suit de justesse la foule au front. Le fait que Defraeye appartienne à l'écurie Alcyon n'est pas un obstacle. Plus le cyclisme sera important en Belgique, plus il y aura d'honneurs et de francs à gagner. Fraeye est rafraîchi, remis d'aplomb et remis sur le vélo par le duo. Odiel s'en sort grâce à une bonne dose de champagne. A Cassis, il remet les leaders en vue, et à La Ciotat, ils se rejoignent. Marseille s'enflamme. Armée et grévistes jouent au chat et à la souris dans les rues du centre-ville. Les marins jettent des poissons et, lorsque les paniers sont vides, des produits plus durs, jusqu'à ce que la ville pue comme une décharge. Le progressiste et blanc algérien Chanot, peu après, peut redevenir maire et faire le ménage. L'arrivée du Tour est judicieusement décalée, en dehors de la ville. Lapize a perdu le nord et craque mentalement quand le Belge - sans même s'en rendre compte - gagne la course sur l'aubaine. Sur une route en montée, dont personne ne sait exactement où elle se termine, Defraeye, fou de rage, rassemble toute l'énergie qu'il lui reste. Lapize n'ose pas le suivre. Il a laissé passer sa chance. Il doit enfin la saisir lui-même et concéder à nouveau des points. C'est le coup de grâce. Pas encore le 14 juillet à Perpignan, mais une étape plus tard. En direction de Luchon, dans la chaleur torride du midi, Octave motorisé abandonne, épuisé et déshydraté. Il s'engage dans une montée et revient soudain sur ses pas en direction de Saint-Girons. Inutile de continuer si tous les Belges roulent pour Defraeye et que leurs patrons de marque français restent les bras croisés : lit-on dans la défense. Le soir même, toute l'équipe de La Française de

▲ Faber et Buyze dans la quatrième étape Belfort-Chamonix.

Lapizes démissionne. Le monde du sport français est complètement ébranlé lorsque les télégraphes annoncent d'autres mauvaises nouvelles. Latham, star mondiale et aviateur, est tué lors d'une chasse au bison dans la grande prairie de l'Ouest américain. Christophe, le plus proche rival d'Odiel, a également perdu et accuse déjà un retard de 20 points.

Lors de la 10ème étape, de Luchon à Bayonne, le néo-pro Mottiat se fait remarquer en battant Christophe puis en tombant de fatigue. Il ne faut pas s'attendre à une telle chose de la part de Thys. Il n'est sur le podium d'aucune étape. Pourtant, le débutant chez Peugeot est toujours là et, après sa mauvaise journée dans les Alpes, il remonte progressivement dans le classement. Sous le vent, mi-acteur, mi-spectateur, il ne met que de temps à autre son nez féroce à la fenêtre.

Jusqu'à La Rochelle, l'histoire de la course est décevante. La bombe de sprint Alavoine peut y battre un grand groupe qui a continué à pédaler seul sur le chemin parce qu'il n'y avait pas d'autre moyen. Thys se classe cinquième. A Brest, Louis Heusghem applaudit. Pour sa deuxième participation au Tour, il remporte sa première étape en solitaire. Defraeye a du temps et de l'excès. Il suit à plus d'une demi-heure. Thys a une baisse de régime et passe près de deux heures de plus sur la route. En 16ème position, il perd à nouveau des places au classement. Odiel est maintenant à 32 points. Vers Cherbourg, Alavoine propose un nouveau numéro de sprint. Vandenberghe, Defraeye et Thys doivent abandonner dans l'ordre.

Lors de la quatorzième étape vers Le Havre, le rapide Alavoine s'est à nouveau emparé de la deuxième place dans un sprint massif après Borgarello. Le courageux Français se rapproche de plus en plus de Buyze et Thys au classement, aux quatrième et cinquième places. Lors de la finale par points à Paris, tout le monde attend avec impatience la bataille pour les places d'honneur. Philippe, un peu à bout de souffle, se laisse battre par Alavoine qui remporte sa troisième victoire d'étape. Une quatrième place dans la dernière étape ne suffit pas au Bruxellois pour se consolider et Buysse frissonne lui aussi sur la ligne d'arrivée. Avec 147 points, il n'a plus qu'un point d'avance sur le Français. Odiel et Alcyon remportent le Tour de manière décisive : 49 contre 108 pour Christophe sur le vélo Armor et 140 pour son coéquipier Garrigou. Sur les 131 concurrents, 41 atteignent l'arrivée.
L'accueil réservé à Defaeye sur le front intérieur est sans précédent, la folie totale. Le brillant Karel Steyaert - jusqu'alors collaborateur de l'Izegem Sportvriend - y voit l'occasion de réaliser son rêve. Il jouera un rôle de premier plan dans un nou-

veau quotidien sportif. Le tout premier Sportwereld sur papier jaune sera vendu cet automne à l'occasion de la Koolskamp Koerse, en guise de coup publicitaire. En même temps, Ernest Van Hammée, déjà directeur des vélodromes du Bois de la Cambre et de 't Molenbeek Karreveld, annonce que son palais des sports sur l'avenue Bertrand à Bruxelles sera prêt dans quelques mois. Un problème de stabilité dû au terrain marécageux retarde finalement de quelques mois l'ouverture de Schaerbeek.

Mottiat est la plus grande promesse wallonne depuis des années et avec la publication de Velo-Sport (plus tard Les Sports), Alban Collignon donne à nouveau à la Belgique francophone un magazine sportif fiable. D'Ostende à Arlon, le cyclisme local est en pleine effervescence.

L'accueil du premier vainqueur belge du Tour est immense. Odiel sillonne le pays et donne la main à chaque compatriote, le salue, l'embrasse, le regarde... Le mercredi 31 juillet, c'est au tour de Bruxelles. Via les avenues de Tervuren, direction la rue de la Loi et le Nord, avec Van Hauwaert au volant d'une longue limousine. On ne sait pas si Thys se trouve également dans les parages. A-t-il été autorisé ou obligé de l'accompagner jusqu'au siège fédéral et à la fête à l'hôtel Métropole ? Ce n'est pas un homme public. Il ne sera certainement pas resté plus longtemps que nécessaire. Le ket, qui a montré de belles choses en tant que passionné et indépendant et qui a été repéré par les découvreurs de talents des maisons de cyclisme françaises, se contente pour l'instant d'être en marge. Thys, 22 ans, a derrière lui son premier Tour de France. Nulle part il n'a fait une apparition spectaculaire à l'avant, mais à

▲ Eugène Christophe et Louis Mottiat, vainqueur de la difficile course de

▲ Hommage à Odiel Defraeye dans une voiture ouverte à travers Bruxelles.

Paris, grâce à la régularité, le garçon un peu mystérieux de la banlieue s'est classé six. Il aurait même pu s'en rapprocher. En tant que professionnel de première année, il a docilement exécuté la mission de l'employeur Peugeot. Mais en mesurant et en pesant, il a aussi reçu la confirmation qu'il peut rêver de plus. Avec un peu plus d'audace et de concentration au début et un an de plus, il y aurait eu de la place sur le podium. Les huit points de trop sont principalement dus au manque d'expérience du terrain et à la méconnaissance de ses propres limites. La modestie n'est pas en cause, que cela soit clair pour tout le monde. Thys est fait pour le travail sur les tours. Avant et après, il pèse 68 kilos. Defraeye perd six kilos, Buysse pas moins de dix et Alavoine a même épaissi.

Philippe ne manque pas de forger le fer, même s'il est tiède. Avec Vandenberghe, il tourne sur la course de 24 heures au circuit de Karreveld. On a envie d'y tester une variante du Bol d'Or français. À l'époque, la course d'endurance de 24 heures avec des meneurs d'allure a captivé l'imagination. La course a été créée en 1894 par le Français Decam et financée par le sponsor du Tour, Chocolate Meunier. Le nom fait référence au trophée en bronze plaqué or du vainqueur.

Les averses bruxelloises provoquent de fréquents abandons. Le lundi, la pluie s'arrête et den Bol reprend. Mais pas pour longtemps. La bruine s'installe à nouveau. Au vélodrome populaire de Zurenborg, on s'attend à une salle comble le jour de la fête des mères à Anvers, à la mi-temps. Lors d'une réunion, Thys rencontre Defraeye, le héros du Tour, et doit très souvent se retenir et jouer la comédie pour laisser le fêtard épuisé faire son travail.

L'intoxication s'arrête en septembre. Pà ne va pas bien. Il ne l'est plus depuis un certain temps. Les choses évoluent dans le mauvais sens. Laisser des contrats sur la table n'est pas une option. Lors de la réouverture du Sporting Palace à Ixelles, Philippe est incontournable. Van Hauwaert s'emporte violemment. Thys n'est pas habitué à l'intérieur mal éclairé sur des lattes de bois branlantes et fait une chute dans les premiers instants. Il reçoit 12 coups sur les oreilles. Dans la nuit du vendredi au samedi 5 octobre, Desiré Thys meurt, chez lui, rue de l'Agrafe. Le père succombe aux effets d'une double pneumonie, à peine âgé de 46 ans. Les enfants travaillant et s'envolant, lui et maman ayant un toit insouciant au-dessus de leur tête, la paix aurait pu enfin s'installer. Tout le monde l'avait pourtant exhorté à faire soigner ce rhume persistant. Lui qui a toujours été si fort et si athlétique... Flup annule immédiatement une réunion à l'Arsenal de Gentbrugge.

▲ Tribute to Odiel Defraeye in an open car through Brussels.

1913
Anti-favorite

L'Auto annonce un Tour rénové pour 1913. Pour Henri Desgrange, l'attention portée à son parcours est vitale. En 1903, L'Auto se vend à 14 millions d'exemplaires par an. Ce chiffre a triplé pour atteindre 43 millions en 1913. La popularité du Tour est son assurance-vie. La crédibilité et l'engouement doivent être préservés à tout prix. L'abandon de l'équipe complète de La Française en 1912 a pesé lourd sur l'estomac. L'enthousiasme et l'ambiance ont disparu après le passage des Pyrénées. Il n'y a plus d'histoires à gagner pour attirer les lecteurs dans les kiosques. Le système de points a clairement joué avec l'événement sportif de l'année. Un classement avec décalage horaire devrait apporter plus de tension. Le rôle de Desgrange, juge et partie, pose également question. Les petites crevettes et les pilotes-vedettes seront-ils traités sur un pied d'égalité ? Les organisateurs prévoient trois commissaires de course indépendants de l'Union Vélocipédique Française et des chronométreurs officiels à l'arrivée. Le montant des prix augmentera à nouveau fortement. Voilà qui est fait. Maintenant, tout le monde doit se taire un peu.

Pour la première fois, le Tour se déroule dans le sens inverse des aiguilles d'une montre : de la ville lumière vers l'ouest et les Pyrénées. Les Alpes et les Vosges suivent ensuite. Les coureurs pourront utiliser plus souvent le pion libre : sauf pour le trajet le long de la côte atlantique jusqu'à La Rochelle. Les 5287 kilomètres restent une mission difficile pour les 140 participants (dont 51 pros de marque). Avec Louis Trousselier, Lucien Petit-Breton, François Faber, Octave Lapize, Gustave Garrigou et Odile Defraeye, six anciens vainqueurs de tour sont au départ. Certaines équipes comptent jusqu'à huit coureurs, d'autres sont plus restreintes. Armor ne démarre qu'avec Scieur et Heusghem. Le contingent d'étrangers s'étoffe et devient un pot-pourri d'exotiques colorés. L'attention la plus forte est sans doute portée sur le Tunisien Neffati. A 18 ans et demi, Ali est le plus jeune participant au Tour. Il est devenu l'heureux propriétaire de son propre vélo deux jours avant la sortie de Paris. Attaquant et admirable pendant la journée, le garçon bronzé fait également sensation après les arrivées d'étape. Ses acrobaties font les choux gras des journaux. En 1914, sa précieuse bicyclette sera brisée par un fonctionnaire sur la route de Luchon et le Nord-Africain sera autorisé à gravir les derniers cols en invité d'honneur sur la banquette arrière douillette d'une voiture. Cette découverte l'amènera à opter plus souvent pour le travail sur piste, plus plat, à partir de ce moment-là.

Les Belges ne sont pas en reste et innovent à leur tour dans le domaine du cyclisme. Van den Haute et Van Wijnendaele conçoivent le premier Tour des Flandres pour leur journal sportif De Sportwereld et Bruxelles, comme Paris, organisera des réunions et des événements de six jours dans un palais des sports permanent.

C'est à ce moment précis que Philemon Vanden Stock réalise ses premiers mélanges de Lambic en bouteille, comme on appelait alors la Geuze aux portes du Pajottenland. Le jeune brasseur met en branle un empire avec quelques appareils d'occasion. D'autre part, un club de garçons d'Anderlecht, vêtus de tenues de football violettes et - contre la saleté des culottes courtes - noires, célèbre l'accession au football national. Ils veulent que la municipalité leur donne un terrain respectable sur le Meir local. La reine Astrid donnera bientôt son nom à ce parc municipal.

En 1913, il semble tout à fait ridicule que les deux faits divers, comme il sied à un liquide lambic, soient dénaturés en un distillat sportif grandiose. Le génie est

également sorti de la bouteille en ce qui concerne les motos. Peugeot est passé à l'attaque. Le syndic et gérant Léopold Alibert, qui faisait partie des meubles de Valentigny, est parti pour Automoto. C'est un uppercut. Alphonse Baugé - artisan des succès sportifs d'Alcyon - est racheté et retrouve le fiable Luxembourgeois Faber. Ce dernier triche, en représailles, à l'Automoto. Garrigou et Christophe enfilent eux aussi les maillots bleu et jaune. Pour la distinguée fraternité Peugeot, ils en ont assez. Ceux qui, pendant des années, n'ont pas trempé dans des affaires louches, mais ont au contraire travaillé avec le circuit des jeunes sur un projet de relève, répliquent. Alcyon, en particulier, a dépassé les bornes dès le départ.

▲ Gustave Garrigou, vainqueur du Tour de France 1911

D'autres ont décidé de suivre cette voie. Aujourd'hui, Peugeot réagit avec force. Les indemnités de transfert, les salaires des cavaliers et les prix sont des sujets importants et sensibles, mais ils s'évanouissent dans l'air lorsque le cheval Prince Palatin change de mains. Un magnat sud-africain de l'industrie minière met sur la table la somme record de 45 000 livres sterling, de quoi acheter plusieurs fois le spectacle du Tour.

Poulain Philippe peut se préparer tranquillement pour le tour. Sa saison démarre sur les chapeaux de roues. Sur la Côte de Pecq, juste après le départ de Paris-Roubaix, Thys met tout et tout le monde en jeu. Encore en première ligne à Amiens, Flup abandonne à Arras sous la menace d'orages. Il ne lui restait plus qu'à ouvrir les débats. Peugeot gagne avec Faber, dans le meilleur temps jamais mesuré sur le parcours. Des éclairs et des rugissements ponctuent cette victoire rapide.

Il n'y a pas de Thys à Tours, à Menin ou à la fin de Bordeaux-Paris. Il ne participera pas au premier Tour des Flandres, le 25 mai. Flup s'est rendu dans le sud, pour explorer les cols avec les copains de Peugeot. Une carte postale rassurante arrive à Anderlecht. Littéralement à l'écart, le frère Guillaume reçoit des encouragements pour Bruxelles-Liège. Le cadet s'en sort bien dans la classique indé. Il termine largement septième. D'autres Thys sont à venir ?

Pour la classique des deux capitales (Paris-Bruxelles), Peugeot convoque tous ses Belges. Ils sont envoyés dans le trou noir un peu après minuit à Villiers. Retour à la case départ. Thys démarre tranquillement, passe la frontière dans le groupe de tête à Heer-Agimont et, depuis le gracieux et mondain Wépion, n'est soudain plus en lice pour les billes. Lambot, Duboc, Godivier et Scieur sont également hors course. Arrêt sur les fraises précoces ? La Française-Diamant emporte tous les prix propres. Le vainqueur Lapize est déjà en train de manger son deuxième poulet Merchtem, quand Thys arrive 17ème et dernier - à une heure et quarante minutes du vainqueur - en route vers l'aéroport de Sint-Agatha-Berchem en toute tranquillité. Est-ce là que se développe l'intérêt pour les engins à ailes ? Le Tour va bientôt commencer : est-ce le fait de ne pas pouvoir faire mieux ou Flup se jette-t-il du sable dans les yeux ?

Depuis le Circuit Dinantais, personne ne s'en apercevra. Il y a à peine 23 partants. C'est une affaire de Peugeot où Salmon peut s'échapper pendant une demi-minute et où Thys, tranquille, bat Van Ingelghem pour la deuxième place.

Le championnat de Belgique de Charleroi à Philippeville - une semaine avant le Tour - est assez pentu. Il y a maintenant des adversaires valables en poste. Le nom du lieu d'arrivée déclenchera quelque chose chez Thys, des journalistes fades et sans inspiration. Flup fait ce qu'il faut et franchit la ligne d'arrivée comme le dernier des 12 leaders. Le parcours de 8:34:22 peut suffire comme dernier entraînement. Joseph Vandaele brille en noir et jaune-rouge. Philippe ne s'en soucie guère. L'attention est ailleurs. Le même jour, sur le même parcours, le plus jeune signe le 13ème temps des indépendants. A Anderlecht, ils sont moyennement satisfaits. Mais est-ce suffisant pour participer au Tour ?

Lors de l'ennuyeuse réunion préliminaire de Peugeot à la veille du départ du Tour à Paris, les coureurs sont autorisés à exprimer leurs attentes à la fin de la réunion. Garrigou, Buyze, Christophe et Faber sont formels : ils veulent gagner. Personne ne bronche. Baugé regarde soudain Thys dans les yeux. Et toi, à quoi penses-tu, parce que tu ne dis jamais rien : demande le rusé chef d'équipe. Thys ne l'aurait jamais appliqué lui-même. Maintenant qu'on lui pose la question, il est momentanément troublé. Alors que personne ne s'attend à une réponse, l'aveu suit : je pense aussi que je peux gagner la manche. Un silence s'installe. Puis des jambes irritées se traînent sur des chaises inconfortables. Enfin, des murmures se font entendre. Marcel Buyze - une puissance qui veut toujours et partout défier tout le monde, y compris lui-même - s'assied juste en face de Thys et prend la parole : si tu penses encore maintenant que tu peux gagner ...schen Brusselere ... alors je n'ai rien à craindre.

La curiosité mutuelle est piquée. Thys et Buyze partageront régulièrement la chambre pendant le Tour et traîneront souvent ensemble. Ils sont l'opposé l'un de l'autre : le râteau agité contre le calme de l'expert-comptable. C'est cette interaction parfaite qui leur permet de rester mentalement en forme pendant les jours de repos. Les loisirs et la détente d'après-course n'ont rien à voir avec la course elle-même. Sur le vélo, il n'y a pas de cadeaux.

Le tour 1913 commence difficilement. Le signaleur Abran est malade, doit annuler et ne veut pas transmettre son fanion. Bien sûr, la fausse note ne compromet pas vraiment la retraite sous les lampions des Champs-Elysées.

La première étape est classique jusqu'au Havre et se termine de manière tout aussi classique au sprint. L'Italien Micheletto l'emporte sur un groupe de Belges. Jules Messelis prend sa revanche dans l'étape suivante. Petit-Breton et Defraeye abandonnent en jurant. Brest se prépare également à un duel au sprint. Fraeye doit laisser passer un Pélissier bondissant. Le sujet du jour est l'abandon stylé de Lapize. Octave était l'homme en forme du mois de juin. Champion de France, il n'a rien à envier à Paris-Bruxelles. En pleine ascension pour la manche, il entre dans un bistrot et s'assoit dos à la fenêtre. Au passage des coureurs, il engloutit un copieux repas. Je suis toujours seul au sein de La Française et je dois gagner des primes pour les partager avec des coéquipiers paresseux. Alors je préfère rouler sur la piste pour mon propre compte : partage le sec espoir national. Desgrange, dépité, voit les coéquipiers énervés de Lapize disparaître de son parcours après le maillot tricolore. Georget, Crupe-

▲ Les coureurs au départ du Tour de France 1913.

▲ Cyrille van Hauwaert, pionnier flamand du Tour, en compagnie du directeur sportif Baugé et, à l'arrière-plan, le signaleur de départ Abran.

▲ Jules Messelis

landt, Brocco et Duboc ne prennent plus le départ, après à peine 40 heures de plaisir sur le Tour. Ils sont tous des favoris du public, qui vendent des journaux dans leur région. Defraeye est à nouveau en tête, mais que peut bien faire L'Auto avec ça ? Un nouveau grand joueur, Marcel Buyze, classé à peine quatre secondes plus bas, souffle sur le cou d'Odiel. Et Thys ? Il n'a pas pris le meilleur départ et a déjà connu quelques soucis de pneus. Prendre 22 minutes, ce n'est pas rien.

Buyze continue de cracher de l'énergie comme un dragon jusqu'à ce qu'il arrache une victoire. Il y parvient à La Rochelle, sous l'œil attentif de Defraeye, Mottiat et Thys. Ceux-ci sont heureux que les coups de boutoir cessent pour l'instant. Marcel écope de dix minutes de pénalité pour changement de roue inutile. Sa fureur n'est pas terminée. Avec la victoire du jour de Vanlerberghe, l'arsenal des centrales belges semble inépuisable. Sa victoire en tant qu'islolé fait basculer toutes les archives sportives du monde entier. Ritten part 15 minutes plus tard que les équipes regrou-pées ce jour-là, mais peut rouler en tête de course avec Everaerts sans que personne ne s'en aperçoive. À Bayonne, ils n'ont plus qu'à sprinter entre eux pour remporter l'étape. Après tout, selon le règlement, ils ont 15 minutes d'avance. Buyze, qui remporte une fois de plus le sprint du groupe de tête, est en colère et ne comprend d'abord rien. Puis, à la manière de Johan Boskamp, il manque de peu d'écraser le vainqueur mérité en riant.

▲ Ritten Van Lerberghe

▲ Le rapatriement d'Odiel Defraeye.

Thys est toujours à 22 minutes de Defraeye au pied des montagnes, légèrement derrière Christophe et Buyze. Il n'a pas fait de bêtises et se sent très bien. Sur l'Aubisque, le Tourmalet, Aspin et Peyresourde, il ne lâche pas les hommes forts de la première semaine. Dans les derniers couloirs du Tourmalet, Thys est en tête, avec Christophe à proximité immédiate et Buyze à quelques virages. Avant le sommet, le Français peine et perd pied. Dans la descente, il percutera une voiture épuisée et cassera la fourche de son vélo.

Eugène est cuit. Cette baisse de régime a tout à voir avec la façon dont Buyze et lui, depuis deux ascensions, ont constamment joué à saute-mouton. Ils se sont usés et essorés l'un l'autre. Le Français doit chercher un site de récupération à pied. Le Gaulois est métallurgiste de profession. Voilà qui éclaire d'emblée d'une lumière plus pâle l'exploit à venir, qui deviendra par la suite la plus belle mise en scène de toute l'histoire du Tour.

Eugène est un Harry bricoleur et réussit à lui seul à remettre son vélo en état de marche, sous la surveillance de commissaires-contrôleurs gênants. Christophe est un homme aimable : toujours serviable, de bonne humeur et positif. Cela fait de lui une exception dans le monde des sportifs de haut niveau. Mais l'homme noble a déjà perdu le Tour dès qu'il est à pied et qu'il doit se rendre chez le maréchal-ferrant. Le tour de force réalisé par le favori français au soufflet de Campan sera tellement magnifié que tout le monde attachera de facto du mérite aux victoires du Tour.

▲ Eugène Christophe   ▲ Mardel Buyze

Que Thys ait rapidement perdu un adversaire difficile sur le Tourmalet désolé, personne ne peut le nier. Dans la liste des aubaines, l'abandon de Defraeye est également une excellente nouvelle. Le vainqueur sortant souffre d'une blessure à la hanche, mais il doit prendre le départ du Tour et se montrer. Cela fonctionne très bien au début, mais la montagne est trop forte.

▲ Le peloton avec Thys et Buyze en tête.

A Luchon, où Thys arrive finalement avec 18 minutes d'avance, Odiel est introuvable. Peu après, Ludovic décide que son équipe Alcyon abandonne la course. Avec le départ de cette coterie de rapaces voraces, Desgrange a moins de problèmes. Ils ont assez occupé ses genoux. Sur la route de Perpignan, Buyze prend nettement l'ascendant sur Thys et s'arroge la tête de la course. Sous une pluie battante, dans le col de Port, Marcel s'arrange avec tout le monde. Thys arrive à 12 minutes, troisième, derrière Paul Deman.

Buyze - obligé de vivre sous le nom de Buysse à cause d'une erreur d'écriture du secrétaire municipal - se déchaîne. Face à la forte bosse, il n'y a pas grand-chose à faire à ce moment-là. Philippe doit secrètement espérer que son compagnon tombera quelque part sur la route. Le géant se moque de tout et de tous et roule pour toutes les primes. Il a toujours besoin de sous. Marcel dépense ce qu'il gagne, plus vite même et c'est peut-être déjà un peu plus. Demain, il poussera encore plus fort, pour payer les dettes d'aujourd'hui. Baugé, psychologue et nouveau team manager chez Peugeot, a déjà dû parler sur de nombreux cocos. Sur Buyze, il n'arrive pas à prendre le dessus.

Marcel est tout-puissant et dieu dans les profondeurs de son esprit. Jusqu'au soir de la huitième étape, on annonce - c'était dans l'air depuis des jours - qu'il doit accepter une heure de pénalité. Buyze fait tout ce qui n'est pas permis, colore constamment en dehors des lignes et se fait constamment lécher, mais il est toujours en tête. Il se heurte chaque jour à des pénalités de temps et à des amendes, mais il fait appel et demande en dernier recours une réduction de personnel. Marcel ne connaît que trop bien les règles. Plutôt que de s'y conformer, il joue au chat et à la souris avec la direction. Les commissaires se laissent entraîner dans leur comptabilité. Ils remettent le compteur de Buyze à zéro et recalculent toutes les réductions de personnel et les demandes de circonstances atténuantes pour finalement arriver à un verdict pondéré.

Ainsi, Thys, très attentif, se rapproche à deux minutes au classement. Ce n'est qu'en route vers Nice que le câble de Buyze se rompt vraiment. Alors que l'imprudent racineur flamand continue à défier la chance, une pierre d'obstruction se trouve prête au fond du gouffre rapide de l'Estérel. La pépite provient du temple de pierre de Cheval, près de Valence. Figuet l'a roulée à lui tout seul vers le large pour railler Thys en vue de Nice. Là, pour le méridional de l'époque, les perspectives de gloire sont définitivement perdues. Mais le plan échoue, car Marcel est déjà revenu en tête et, dans son esprit invincible, le rocher cédera dans le passé. La carrière prometteuse de Buyze s'arrête là. Si ce rocher n'avait pas été délibérément égaré, un autre rocher l'aurait peut-être bientôt attendu.

La défaillance de la direction est une malchance brutale, mais sa réaction est particulièrement révélatrice. Buyze est assis sur le côté, gémissant et ne faisant rien. Le courageux Christophe le prend en remorque, après avoir longuement insisté et palabré. Ils se promènent jusqu'à Mandelieu - aujourd'hui le quartier du golfe de Cannes - en espérant y trouver un point de chute. Mais Marcel n'est pas doué pour réparer les vélos. Christophe l'assiste. Avec des conseils, avec des actes peut-être pas. Alavoine et Hostein attendent. Tous deux manquent de courage, de patience et de perspicacité pendant deux heures. Ses obligeants coéquipiers ont fort à faire pour le maintenir ensuite sur la route côtière. Hélas. L'élan sportif est gâché.

Firmin Lambot remporte l'étape, devant Van Daele et Thys. Grooten Buyze arrive au Boulevard Risso à près de trois heures et demie du vainqueur de l'étape, découragé, et veut rentrer chez lui.

Lors de la journée de repos, Desgrange a d'autres préoccupations. Le peloton, très amoindri, compte encore 33 coureurs, dont 17 individus qui voient là l'occasion de demander une augmentation du tarif journalier. Le patron du Tour plie. Tout vaut mieux que de devoir traverser Paris avec un mini-ploton invisible. Il veut épargner cet embarras au Tour. La Méditerranée réserve également des événements agréables. Petit-Breton revoit pour la première fois sa mère, qui a fait la traversée depuis l'Argentine.

1913

Le Nord
diabolique / 1

Buyze se fait dorloter et parler par des envoyés de Peugeot. Il reprendra l'étape de Nice à Grenoble. Bien à l'écart de la ville, le désespoir dans sa tête capricieuse provoque une nouvelle perte de temps importante. Faber précède Thys ce jour-là. Philippe a 54 minutes d'avance sur Garrigou et plus d'une heure sur Petit-Breton. Buyze va chasser les démons de son esprit dans les jours qui suivent, reprendre le fil et relancer le rythme. Sur l'étape Grenoble-Genève, le dragon cracheur de feu est de retour. Thys le laisse s'enfuir et se déchaîner pendant quelques minutes. Par ultime précaution ? Buyze passe toute la journée à l'offensive : du Lautaret au Lac en passant par le Galibier et les Aravis, il y arrive avec à peine trois minutes d'avance sur Thys et Petit-Breton. Même les Helvètes précis pensaient qu'il s'agissait d'un simple copinage laconique. Jusqu'à Belfort, sur le Ballon d'Alsace, Buyze crie et fulmine comme un drogué. Il écarte tous les cyclistes qui s'approchent de lui et se lance à l'assaut de la montagne. Le patron est choqué de voir Marcel croiser sa voiture. A travers la pluie et le brouillard, jusqu'à Longwy, Marcel fait encore du bon travail. Deux chutes et une manivelle tordue en sont le résultat prévisible. Buyze est à nouveau le premier à franchir la ligne d'arrivée. Il gagne une petite minute. Thys, qui termine quatrième, a encore une heure de confort sur Garrigou et Petit-Breton.

Le fait qu'il ne doive plus craindre De Grooten sera confirmé dans la soirée. Le frimeur est exclu de la course pour avoir délibérément gêné Faber. Le règlement flou plaide en faveur d'une décharge, mais tout le monde en a manifestement assez de ce

◀ Marcel Buyze

coquin. Chaque jour, il se passe quelque chose avec lui. La sanction de Buyze sera ensuite annulée par l'Union Vélocipédique Française.

Lors de la 13e étape entre Belfort et Longwy, Petit-Breton tente de s'extirper du peloton. Il rêve toujours d'une troisième victoire sur le Tour, pour terminer sa carrière en beauté. Une heure de retard sur Thys, c'est beaucoup, mais on ne sait jamais... la casse peut arriver à tout le monde et avec ce mauvais temps... Petit-Breton a raison : Thys se foule les poignets dans la descente de la Grosse Pierre. La barrière en bois d'un champ de légumes rempli de rutabagas freine sa chute. De violentes rafales de pluie brisent son esprit de poursuite solitaire. Flup reçoit une perte de 15 minutes sur son pantalon déchiré. Petit-Breton s'incline de justesse face à Faber dans le sprint.

Dans l'avant-dernière étape, vers Dunkerque, Petit-Breton met tout le monde sous pression dès le début de la journée. Treize coureurs se séparent. Juste avant les faubourgs de Valenciennes, sa boîte de vitesses Sturmey-Archer se comporte bizarrement. La chaîne fait un nœud à haute vitesse et la roue à cames doit se bloquer. Son Automoto grince. Le verhicel se colle littéralement à la partie supérieure d'une goulotte transversale et devient une catapulte pour celui qui s'y trouve. Petit-Breton ne peut rien faire contre la formule de base de la physique et passe par-dessus la tête. Son vélo gît littéralement en trois morceaux sur la route. Lucien est encore en un seul morceau, mais il est transporté avec une rotule fixée jusqu'à la porte d'entrée d'une minuscule maison d'ouvrier. Là, on le hisse avec précaution sur la meilleure chaise de la maison. Il ne se relèvera pas de la journée. C'est à partir de là que le danger pour Thys ne peut plus venir. Philippe voit le Français tomber, mais n'a aucune idée de la gravité de l'événement. Il décide que c'est l'occasion de décider du classement une fois pour toutes. Même avec une heure d'avance, il vaut mieux anticiper, car la malchance est là. Marcel Buyze entame une de ses opérations téméraires sur les pierres maudites et Thys le suit.

La région lilloise est un mélange d'ateliers, de villages enrubannés, de ruelles et de coins de rue peu judicieux. Pourtant, ils s'élancent comme des fous dans ce puzzle chaotique. Thys se rend compte qu'il est défectueux, mais il se laisse quand même emporter. Les gens se tiennent au milieu de l'allée. C'est là que les accidents se produisent encore : ça passe ou ça casse. L'intuition est bonne. Les choses tournent mal. Flup tombe dans le tumulte et perd connaissance. Un violent jet d'eau le ramène à l'ordre. Merde de merde ... voyez ce vélo tordu ... Il se rend compte immédiatement que la réparation de l'acier plié ne peut se faire sans matériel adéquat. C'est un tra-

L'ASCENSION DU GALIBIER DANS L'ÉTAPE

Grenoble-Genève

EL VENCEDOR DEL
TOUR DE FRANCE
CON SU FAMOSA PEUGEOT
ENTRE LAS NIEVES ETERNAS DE LOS ALPES

▲ Philippe Thys lors de l'ascension du Galibier.

▲ Philippe Thys chute dans la descente de la Grosse Pierre, et remonte en escalade.

vail sûr qui prend du temps et doit être effectué avec soin. Si le tube du vélo se casse, c'est encore plus de temps perdu.

Christophe le serviable se rend déjà au contrôle et fait appeler un professionnel. Il prend brièvement le contrôle de l'ordinateur de Thys et, avec le vague accord de l'orphelin belge, calcule une pénalité de temps. Lorsqu'un vélomane indique les conséquences à Flup, ce dernier retrouve toute sa lucidité : avec ton aide, je me donnerai une nouvelle chance, sinon c'est fini. Quelle immense différence avec le Flandrien qui est resté longtemps assis tristement sur le bord de la route de l'Esterel comme un petit enfant.

Pendant que les ténors pansent leurs plaies, Marcel entraîne son coéquipier Garrigou. Veut-il que Thys perde la manche ? A Dunkerque, il devient clair qu'entre le sauvage Buyze et le philosophe Thys, ça ne va plus. C'était différent au début du Tour. Van Wijnendaele raconte qu'il a trouvé dans la chambre un couple de chiots au jeu attachant. Le Gentilhomme de nature Garrigou, soudain, ne dit pas non à une deuxième victoire finale inattendue. Incapable de prendre le rythme, il reste derrière Buyze pendant des heures, battant du cul comme un ver solitaire desséché. Marcel va-t-il ou doit-il l'emmener jusqu'au bout ? Un terne agonisant s'est-il à nouveau réveillé en lui ? Une voix chuchotante vient-elle lui dire que c'est lui et personne

▲ Le passage du Tour de France amène des spectateurs partout.

d'autre qui est le plus fort et que c'est donc à lui de décider qui gagnera le Tour ? Ou bien Baugé, comme précaution - dans l'ignorance des conséquences du carnage de Lille - donne-t-il déjà des ordres pour sauver ce qui peut l'être ? Buyze ne peut certainement pas revenir et laisser Garrigou, à ce moment-là le coureur Peugeot le mieux placé, à son sort. Pendant ce temps, Thys est mis à l'écart pendant une heure et six minutes pour réparer le défaut. Il peut enfin repartir.

Marcel a peut-être roulé jusqu'à la mer comme un fou, mais une fois rétabli, Thys met 12 minutes de moins à partir de Lille. Le Bruxellois mord dans sa roue avant, décharge son bon assistant Chistophe d'un désolé sincère et, avec le courage du désespoir, coupe la Flandre française en deux. A Bergues, surplombant la ville portuaire, le Ch'timi crie que la position de leader du PTI est sauvée. Thys arrive à Dunkerque en 11ème position, à moins d'une heure du vainqueur Buyze. Après une crevaison tardive de Garrigou, ce dernier finit par dire salut et monte à bord de la voiture d'assistance Peugeot. Les commissaires se réunissent longuement et tardivement et ne se montrent pas. Le comunniqué sort seul : Thys reçoit une pénalité de 10 minutes pour assistance d'un tiers. Garrigou s'approche des huit minutes.

La peine minimale est toujours restée un mystère. Desgrange aurait pu facilement imposer une double ou triple peine de temps. Peugeot a-t-il pu décider lui-même ? La victoire était de toute façon pour ce camp. S'ils avaient donné dix minutes de pénalité supplémentaires à Philippe, il aurait perdu le Tour à la veille de la dernière étape. Avec deux minuscules minutes, décidées par des juges de table pour l'instant. Même les Français entre eux ont trouvé que cela ne collait pas.

Jan Cornand, dans sa brochure Figures du Tour de 1958, écrit que le Bruxellois a dû souder sa fourche et qu'il est allé travailler avec Christophe dans une forge. Dans cette interview, Philippe a-t-il opportunément calqué son histoire sur celle de l'énergumène malchanceux ? Ou bien l'auteur, après avoir bu le contenu d'une bouteille de garçons paysans, a-t-il mélangé des histoires juteuses ? Quelques paragraphes plus loin, Thys dit qu'il a reçu une heure de punition pour cela, alors que cette amende (qui n'était que de 30 minutes) lui tombe sur la tête un an plus tard. L'interview est truffée d'anecdotes qui, si elles sont rarement inventées, sont diffusées à l'envi dans une année de tournée bancale. La mémoire de Philippe est-elle un album négligé ? On ne peut l'exclure, car son passé de coureur est le cadet de ses soucis par la suite. Thys regarde rarement en arrière. Van Wijnendaele a laissé Flup s'exprimer quelques années plus tôt dans People and Things. La malchance de Lille y est liée à la poursuite de Pélissier. Encore une fois, le casting est défectueux. Thys est toujours affable et acceuillant lorsque quelqu'un vient l'interroger sur son temps de passage. Refuser n'est pas dans sa nature, mais prendre le temps de le faire et creuser profondément dans son esprit, ce n'est pas le cas. Ne kie zwanze et ne straffe stuut vertelle, c'est ce que la presse doit généralement faire. Ensuite, l'homme d'affaires diligent a déjà un autre rendez-vous. À l'époque, les choses ne sont pas très strictes. Les histoires doivent contenir beaucoup d'éléments dramatiques. Pour mettre en doute la véracité d'une information, on s'appuie sur des collections de journaux moisis provenant de bibliothèques hermétiques. Aujourd'hui, un extrait Youtube, via facebook, irait directement sur twitter et punirait triomphalement l'erreur. Pour suspens anno 1913, cela ne fait aucune différence.

Lors de la dernière étape entre Dunkerque et le Parc des Princes à Paris, Buyze veut montrer une fois de plus qui est l'homme le plus fort et l'emporte avec une longueur d'avance. En route vers la ville lumière, Thys garde un œil sur le tube arrière de Garrigou toute la journée et surveille régulièrement le sien. Il n'y a plus rien à faire. Thys remporte le Tour de France. Triomphe !

Karel Van Wijnendaele a ventilé la malchance de Buyze sur l'Esterel à vie pour expliquer sa défaite. Il ne prend pas les Bruxellois, et par extension tous ceux qui ne vivent pas à l'ouest de l'Escaut, au pied de la lettre. Par déduction, ce n'est qu'au-delà de la pernicieuse Gand que naissent les vrais guerriers. La boussole de Thys s'est orientée vers la France et les Ardennes tout au long de sa carrière. La négation du cyclisme flamand ne pourrait être plus grande. Il se moque résolument du spectacle magnifié des mangeurs de chair humaine. Le seigneur de la caste des rédacteurs en chef ne veut écrire que sur des courses tourmentées. Il doit toujours y avoir des raids étincelants à travers des montagnes effrayantes ou sur des rochers hideux, à deux doigts de la mort. Quand il ne grêle pas de boules de glace et d'éclairs, il installe lui-même un arroseur pour le plateau de tournage, si nécessaire. Ce sont des éléments que le Bruxellois n'utilise que rarement, voire jamais, pour se déplacer. À un âge avancé, Thys déclare que les règles du cyclisme sont simples : celui qui arrive le premier, sans faux pas, gagne. Ce que la presse ou les décorateurs

▲ Faber, Garrigou et Thys arrivent
au vélodrome lors de la dernière
du Tour de France 1913.

demandent et voient en cours de route n'a pas d'importance. Le spectacle n'est pas
nécessaire. Il n'achète pas assez... et les artistes de cirque sous-payés sont des gens
pathétiques dont plus personne ne se soucie.

Philippe est accro aux chiffres, il économise ses forces partout et se laisse emporter. Ce système d'accompagnement signifie qu'il n'abandonne que rarement. Il ne
pédale que lorsque c'est utile et qu'il a la certitude que les autres sont en train de
s'aigrir comme du pumpernickel. Les signes d'affaiblissement dans un grand tour
sont très souvent le résultat d'efforts inutiles, fournis au mauvais endroit. Nombreux
sont ceux qui manquent de raison et d'esprit pour utiliser leur énergie avec parcimo-
nie. La tentation est toujours grande de se laisser porter par la sensation de bonnes
jambes, les acclamations de la foule le long de la route ou la tape dans le dos du
patron du Tour, qui ne cherche qu'à vendre une gazette excitante.

▲ Arrivée de la dernière étape du Tour de France 1913.

VIE AU GRAND AIR

VIE AU GRAND AIR

▲ Thys remporte le Tour de France 1913. Triomphe !

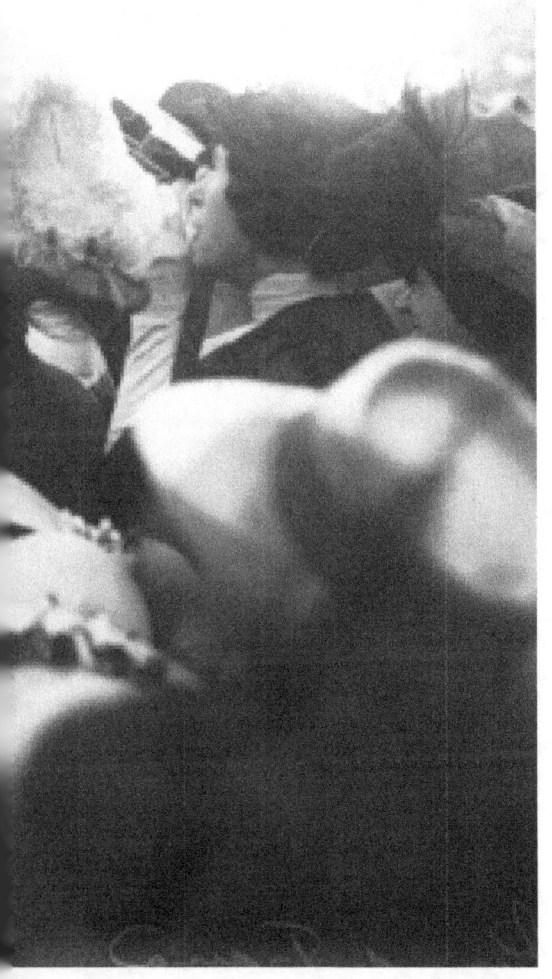

Devenir riche était à la portée d'un cavalier avant la Première Guerre mondiale, mais ce n'était pas dans ses gènes. En guise d'excuse, il faut admettre que l'efficacité calculée et la prévoyance n'étaient pas enseignées à l'époque. Ce sont des thèmes peu chrétiens, facilement interprétés comme des étapes concrètes vers la paresse ou l'émasculation. Dans une économie de pénurie, il faut cueillir et manger les fruits occasionnels du jour. Buyze, pour citer un bon exemple, gagne la dernière course vers Paris, pour ensuite se lancer sans retenue dans le boom pendant trois jours. En toute hypothèse, une seule personne aurait été capable de comprendre et d'aider Frank Vandenbroucke : Marcel Buyze à des années d'esprit à venir...

1913

Le champion
d'Anderlecht !

Après tout ce qu'on lui a dit et lu, Philippe ne veut pas d'un accueil national. Avec le mot d'esprit : est-ce que j'ai vraiment roulé, parce que je ne m'en souviens pas très bien, il envoie avec suffisance un message au monde entier. La plupart des journaux ont fait preuve d'une partialité scandaleuse. En tirant Buyze vers l'avant comme cela et en balayant quotidiennement les efforts de Thys entre les plis.

En Belgique, Marcel reste le grand héros et, comme Defraeye un an plus tôt, il est conduit partout. Quelques jours plus tard, alors qu'un millier de souverains de haut rang se réunissent dans la Salle de la Madeleine à Bruxelles pour un grand banquet en l'honneur des héros du Tour, il faut venir informer secrètement l'envoyé du roi Albert de l'absence de Thys, le grand cochon de la fête. Il serait retenu à l'étranger pour affaires. D'autres sources situent Thys dans l'agréable pelouse du Déjazet, salle de théâtre où se déroule une pièce-montée bruxelloise. Le mariage de Mademoiselle Beulemans ne rend pas Flup plus agréable par la suite. Il est en colère. Le fait que les gazettes flamandes fassent la une des journaux provoque même des querelles communautaires. L'association nationale des journalistes sportifs, récemment créée en fanfare, ne fait pas du bon travail.

Le 4 août, le vainqueur du Tour retournera à Anderlecht, plutôt qu'en Belgique : par la porte latérale de la petite gare du Sud. Une fois de plus, Flup a opté pour une course par étapes à Liège. Anderlecht ne se laisse pas abattre. Un chanteur de

◄ Philippe Thys avec la colonne de la victoire à l'arrivée du Tour de France 1913.

marché vend depuis des jours le Chant de Thys. Des cocardes et des photos en trois tailles sont disponibles à la gare. Des calèches sont prêtes à accueillir le vainqueur du Tour et sa famille.

Dans la rue Limnander, des milliers de personnes et pas moins de 50 associations locales attendent. À Bara, un camion distribue des bougies et des bâtons de mèche. Des gardes de l'État à cheval ouvrent le cortège. Cinq fanfares se mettent en marche, dont celle de Biestebroek, dont Flup est membre depuis des années. Des troupes de théâtre mettent en scène la ronde du passé.

Le cortège peut partir. Mère et grand-mère, frères et sœurs prennent place dans les voitures. A côté du vainqueur est assis Eugène Christophe, venu de Paris. En Belgique, le Français a immédiatement racheté son statut de plus malchanceux de tous ceux qui sont nés avant l'accident. Les échevins Crick, Lemmens et Varlez s'adressent à nouveau aux invités.

Cet après-midi-là, un nouvel Anderlechtois remporte une étape du Tour de Belgique des indépendants. Il parle toujours le zelzaat inintelligible. René Vermandel deviendra la deuxième plaque tournante du cyclisme et y dirigera un pub sportif populaire, d'où partiront des courses hebdomadaires vers la Flandre lointaine et la Wallonie profonde. Le fait de partir de Bruxelles donnera à la course communale le statut de véritable classique pour le front national étroit d'esprit.

De l'autre côté du canal, la fête continue pour Thys. Après un arrêt au Chapeau Blanc, c'est la montée vers Scheut, où une salle d'auberge a été louée. Les fleurs descendent jusqu'à la rue. En arrivant sur place, il y a à peine de la place pour les gens. Tout est joli et engageant, mais idéalement, Philippe aurait aimé que quelqu'un se tienne dans l'embrasure de la porte. Peut-être trop faible pour assister au défilé de la victoire, mais attendant de prendre son fils dans ses bras.

Le père n'a malheureusement pas pu voir son fils gagner le Tour. Ce geai en chef aurait voulu chérir Désiré avec son champion et mourir après s'il le fallait. La famille doit aller de l'avant, avec la bénédiction d'en haut. Elle doit s'améliorer ensemble et être fière de ce qui a été tant économisé, pratiqué et transpiré. Après le sport, que les cavaliers parlent assez souvent d'argent.

Le non-engagement olympique n'est en aucun cas l'attitude du coureur de la fin des années pionnières. Les médias mettent les gains des coureurs en équations merveilleuses avec un grand abandon comptable. Le prestigieux et coûteux magazine sportif La Vie au Grand Air calcule ce qu'ils ont gagné au Tour 1913. Philippe est un homme d'affaires coriace et un chiffreur averti, mais sait-il qu'au Tour précédent, il fallait 80 coureurs pour gagner un franc ?

Avec ses 25 000 francs de revenus supposés, il peut acheter 50 000 pains pour la famille. Un couple marié travaillant à l'usine ne peut pas gagner cette somme dans toute sa vie. Thys reste fidèle à son employeur Peugeot, mais il veut bientôt obtenir de meilleures conditions. Dans la surenchère irréelle entre les équipes des marques, les affaires en or tombent à l'eau. On demande, on obtient. Les fabricants de vélos ont le vent en poupe. Tous ceux qui en ont assez de marcher sont impatients d'enfourcher une bicyclette. Il en reste des dizaines de millions à écouler. Alcyon, Griffon, Peugeot, ... sont les Apple, Nokia et Microsofts de leur époque. Thys devra peut-être encore essayer d'en tirer le meilleur parti, compte tenu de la folie des barons du vélo. Defraeye apporte la solution. Appelé à Paris après une saison plus faible, il doit rendre service à Gentil. Ce dernier ne parle pas la langue, connaît à peine les coutumes flamandes et ne veut pas jouer les fossoyeurs des concurrents.

C'est en tout cas ce qu'on dit au brave Odiel lorsqu'on lui confie la tâche de tremper Thys et Buyze. Ils peuvent faire l'échange pour quelques sous de plus. Que Buyze s'empresse de prendre l'argent n'a rien d'étonnant. Il en va tout autrement du Bruxellois : il pense aux années à venir et sait pertinemment qu'il doit continuer à gagner pour recevoir suffisamment de billets de banque, même à long terme. Flup veut bien parler, mais il a besoin d'être rassuré sur le fait qu'il peut suivre sa propre voie sur le Tour. Gentil, fou de gloire, accepte. Thys devra verser 20 000 francs à Peugeot en guise de rançon. Alcyon est prêt à débourser cette somme, moyennant la contre-signature d'une lettre imposant le double de l'amende, au cas où il oserait encore changer de camp. Ces pratiques sont courantes. Tout le monde sait qu'on ne peut faire confiance à personne et qu'une offre apparemment insurpassable peut être suivie d'une contre-offre beaucoup plus punitive. Aujourd'hui, un vélo a dû être vendu comme une boîte de nourriture pour chien. Purement sur la base des sentiments. Par conséquent, il y a plusieurs francs de publicité dans le prix de revient. La préférence du consommateur ne peut être obtenue qu'en donnant au produit une forte valeur ajoutée. Les champions qui jouissent d'une grande estime sont les mieux placés pour le faire. Il ne sert à rien de promouvoir un métal supérieur ou de meilleures roues, car l'acheteur est tout sauf un technicien. Ce mécanisme de marché, Gentil et Alcyon l'ont compris bien plus vite que les producteurs de la première heure, un peu rigides et à l'allure mercantile. Ils ont depuis fait l'expérience que ne pas participer n'est plus une option.

Valentigney fait ce que personne n'aurait cru possible jusqu'à présent : il rachète Thys gratuitement. De la pure surenchère. Le grand jeu grogne, souffle et s'agrandit encore pour dissuader et impressionner. Qui joue le plus dur au poker ? Thys lui-même. Il ne se laissera pas rançonner une nouvelle fois sans accord et sans obtenir une autre part du gâteau. Plus tard, Philippe expliquera qu'il était très confiant quant à l'issue de l'affaire, parce qu'une secrétaire et également grande admiratrice - li-sez amoureuse jusqu'aux oreilles - devait dactylographier toute la correspondance confidentielle et pouvait également faire de fantastiques écoutes clandestines.

Flup pouvait ainsi se faire une idée précise de la situation et ne se défilait jamais. Il a fait des affaires comme il a fait du vélo : par le biais d'un vol ciblé du portefeuille de la famille Peugeot. Thys peut être prompt à donner des leçons aux Peugeot, à s'inté-resser à leur vie, même à séjourner dans leurs châteaux à l'occasion et à déguster de l'ortolan cuit lentement dans leur porcelaine la plus propre, mais il gardera toujours ses distances. Ils sont restés ses patrons, ils ne sont pas devenus ses amis. Ils l'ont prouvé plusieurs fois par la suite, en se montrant déraisonnables et en invoquant le moindre accroc à l'économie pour priver tout le monde de l'argent convenu. Flup se trompe rarement de camp. Les Peugeot ressemblent à des gens ordinaires, mais ils vivent dans un monde qui n'est pas le leur. Ensemble, ils ont des objectifs clairs : tou-jours s'améliorer et essayer de dominer. De temps en temps, Philippe peut céder au contentement. Jamais pour longtemps, mais quand même pour un moment. La volon-té des Peugeot ne s'arrête jamais. Ils roulent toujours, pour continuer à gagner, mais il n'y a jamais de ligne d'arrivée. Dans des conditions sociales normales, sans guerre folle et sans austérité, Thys aurait sûrement été en sécurité pendant des années.

Aux termes du contrat d'hiver 1914, il est assuré de débuter en tant que Tourkop-man. Chaque nouvelle victoire l'oblige à prendre des précautions et à acheter une plus grande boîte à feu. Dans la vie, les arbres allaient pousser jusqu'au ciel pour Thys, riz au lait et cuillères en or service compris.

Les frères Peugeot eux-mêmes, après avoir payé la rançon, prouvent qu'il n'avait pas à s'inquiéter de sa cupidité. Alcyon étant désormais suspendu dans les cordes, le moment suprême est venu de s'emparer également de Pélissier, détenteur de billets

CYCLES PH. THYS
TYPE
TOUR DE FRANCE
PARFAITS
SUR
PNEUS DUNLOP

1913

Je lève mon verre
à moi-même

▲ Gavrillo Princip vient d'être arrêté.

Gavrilo Princip n'a pas volé son nom. C'est lui, et personne d'autre, qui donne le coup d'envoi du Tour 1914. Le Serbe de Bosnie fait sauter l'héritier du trône de la monarchie danubienne dans le panier à crabe de Sarajevo. La nouvelle ne provoque pas immédiatement d'immenses bouleversements.

Ces stupides tragédies balkaniques : douze à la douzaine. 147 cavaliers sont alors en route de Paris au Havre. Desgrange modifie peu sa recette. L'introduction de numéros de cadre sur les vélos est à peu près l'innovation la plus importante. Et les sifflets. Les coureurs peuvent les utiliser dans les descentes des cols, pour avertir les spectateurs et les autres usagers de la route. Pour la première fois, des Australiens font le tour du monde pour participer au Tour. Don Kirkham et Ivan Munro le font avec brio et termineront 17ème et 20ème. Contrairement à un certain Georges Goffin, illustre Liégeois, qui participe sous le pseudonyme de Nemo. Trois fois de suite, il est le premier à prendre le départ en livrée et abandonnera à chaque fois dans la première étape.

En vue de la mer, après treize heures de rotation, Thys renifle l'iode à pleines narines et remporte le sprint devant Rossius et un groupe de tête conséquent dans les rues du Havre.

◀ Philippe Thys avant le départ du Tour de France 1914.

Dans l'étape du Havre à Cherbourg, le résultat est inverse : Jean termine devant Philippe. Ils s'échappent dans le final à deux et se partagent la tête pour l'instant. Pendant ce temps, l'Europe se rend compte que les dominos politiques sont peut-être un peu trop proches les uns des autres.

Dans la ville portuaire, Peugeot loge dans le même hôtel que Jean Jaurès, le grand leader de l'opposition française de gauche. L'homme politique est là pour protéger les gens du peuple des agitateurs belliqueux. Les cavaliers discutent avec ce personnage sévère en sautillant dans le couloir en costume d'Adam. Jaurès, d'abord un peu indigné, rit à gorge déployée et descend les escaliers en zigzaguant : ces sacrés coureurs rigolos, des brutes sans gène.

Il fait une chaleur torride depuis plusieurs jours : coureurs, hommes politiques et diplomates souffrent. Sur la route de Cherbourg à Brest, Georget et Thys se renversent l'un sur l'autre dans une descente. Aussitôt, les harnais sont remis en place et Peugeot ordonne à quelques coéquipiers d'attendre. Il y a de la nervosité et de la grogne : vite, vite. Il n'y a pas d'homme à la mer : ils roulent. Alcyon et La Française sentent les opportunités et mettent les gaz. Philippe doit se laisser porter par Baugé dans le dos de ses compagnons. La tête de course se perd de vue. Après une heure de poursuite, pas un mètre n'a été rattrapé. Thys se déhanche. La marque du Lion veut toujours fonctionner de manière homogène et dégager une cohésion gracieuse, lubrifiant le sentiment du "nous".

Valentigney a une vision, contrairement à d'autres équipes qui font appel à des mercenaires chaque année et écument les bonnes affaires comme des vautours. Le lion s'est tant de fois fait tirer par la queue qu'en 1914, il décide de mordre : il s'enfonce dans la chair de manière inattendue. L'équipe modèle est en pleine ascension, mais l'une d'entre elles a acheté plus de vainqueurs et de champions en puissance qu'il n'est possible d'en assimiler.

En fait, chez Peugeot, on commet la même erreur que l'ennemi Gentile peu de temps auparavant. Tout le monde s'oppose maintenant aux bleus-jaunes : ils sont devenus des cibles. Thys est nerveux. Les théories propres doivent être mises de côté pendant un certain temps. Il ne sait que trop bien que le cyclisme de haut niveau n'est un sport d'équipe qu'à un moment donné : lorsque des intérêts ou de l'argent supplémentaire sont en jeu. Les directeurs sportifs font souvent semblant. Ils font des allers-retours dans de robustes voitures suiveuses pour distribuer des directives,

▲ Les coureurs au départ de la première étape du Tour de France 1914.

mais les coureurs les appliquent ensuite dans leur propre logique. Les directeurs sportifs sont avant tout un excellent atout psychologique. A côté et dans la course, faire tourner la tête à l'adversaire réussit assez bien. Comprendre les caractères et jouer ou contenir chacun d'entre eux est un plus. Ils parviennent même à faire coopérer en bien ou en mal des rivaux qui vivent sous le même toit. C'est là que s'arrête l'intérêt des directeurs sportifs. Les stratèges des courses d'avant-guerre ne le deviennent jamais. Thys sait trop bien que si ses coéquipiers roulent vers Brest, ils sont loin de tous se sacrifier. Personne ne met toute son énergie dans le reseau Peugeot, y compris Flup lui-même.

Trop de coqs restent en course dans toutes les équipes. L'envie est grande. Leur propre victoire d'étape ou un bon classement leur ouvre tant de portes qu'ils seraient stupides de ne pas penser un peu à eux tout le temps. Ils roulent parfois comme des imbéciles à l'époque, mais ils font très rarement des efforts insensés pour les autres. Le rattrapage n'est donc pas toujours une question de capacité, mais aussi de volonté. Ceux qui ne viennent pas pour parler et servir du beurre aux poissons ne roulent pas à fond. Les soi-disant coéquipiers amènent souvent les meilleurs coureurs à une distance franchissable et viennent ensuite négocier. Les équipes elles-mêmes ne lancent des pièces d'or qu'à la fin d'une course par étapes, pour jouer la carte de la sécurité. Dans les premières étapes, elles jouent, car elles ont généralement plusieurs chevaux dans leur écurie. Des chevaux PMU, il est vrai, qui courent souvent devant et ne s'alignent pas. Le peloton est une place de marché sur roues qui serpente dans le paysage. Thys ignore Baugé, rejoint la tête de course et comble lui-même le dernier écart. Dans ce dernier effort, des suiveurs hostiles viennent le goûter une fois de plus et lui soufflent des nuages de poussière au visage.

Buyze n'en reste pas là et s'enfuit à nouveau ce jour-là. Thys n'est toujours pas en sécurité. Philippe revient et Marcel sourit : tu veux encore gagner la manche, Flup ? L'étape se termine tout de même par un sprint groupé. Emile Engel devance Buyze et Mottiat.

Après Brest, la dynamique s'essouffle. A La Rochelle, Oscar Egg gagne et Rossius-Thys reste leader ex-equo.

Les coureurs marchent sous les tropiques français. Le long de la côte jusqu'à Bayonne, les Landes apportent la langueur. Le jambon est en vue et Egg pourrait remporter une deuxième étape consécutive. Pourtant, il faudra du temps avant d'atteindre la savoureuse Bayonne. Sur la route du sud, la vitesse descend en dessous de dix à l'heure. Se raser, voler des boissons et narguer les paysans, voilà une journée bien remplie.

Que le prologue de la manche 1914 se déroule sans encombre est une aubaine inespérée pour Peugeot. Au départ de Paris, lorsque le directeur des sports et de la promotion Lemoine réunit ses troupes débraillées pour leur transmettre un esprit communautaire, les choses ne se présentent pas sous les meilleurs auspices. Ce soir-là, l'homme cherche les mots justes. La situation n'est pas brillante. Tout le monde pense qu'Alcyon - avec Defraeye et Buyze - va mâcher le Tour et ne laisser que des miettes. Thys sent qu'il faut rétablir l'ambiance et lève soudain son verre : à Peugeot. Bien des années plus tard, Philippe avoue franchement qu'il pensait surtout à sa deuxième victoire finale et qu'il avait besoin d'aide. En parlant avec tant d'emphase et en augmentant les tailles, il a pris l'avantage sur les autres. Philippe est le général de la troupe. Dans la partie sud-ouest de la carte, la tactique a donné des résultats clairs. Defraeye et Buyze ont déjà reçu plusieurs pénalités et accusent un retard d'une heure. Ils ont fait appel, mais les montagnes ne mentent jamais.

Lors de la journée de repos, Thys, homme pointilleux, explore une partie de l'importante randonnée en montagne. Il part tôt en voiture pour explorer tous les cols et décide de faire monter les classiques 4m60 et 20. Les puissants pédalent un mètre de plus.

Pélissier et à nouveau Egg sont passés à l'attaque dès le début de la sixième étape entre Bayonne et Luchon, avec les quatre cols classiques au menu. Au sommet de l'Aubisque, Thys passe à neuf minutes de Pélissier et Egg. Le duo reprend un peu moins de 15 minutes d'avance. C'est alors que le Suisse débarque à l'avant. Girardengo, qui doit jouer le lapin blanc italien pour Automoto, abandonne. Il a chuté à plusieurs reprises ces derniers jours et vient de percuter une charrette.

Lambot monte le Tourmalet plus facilement, il rejoint Thys, accélère et va taper sur l'épaule du Français. Dans l'Aspin, le Wallon est seul. Thys ne comble pas l'écart, mais passe devant tous les autres concurrents : finalement même à une demi-heure. Chez les Français, Pélissier panse ses plaies et Alavoine peut encore espérer. Tous deux sont toujours aux avant-postes. Les Alcyons sont méconnaissables en montée. Les frères Buyze - Marcel a pris son cadet Lucien sous son aile - s'accrochent au premier virage de l'Aubisque. Lucien fera sienne la route de Bayonne à Luchon, 12 ans plus tard il gagnera le Tour dans cette étape. Sur le plat, Marcel se donne à fond avant de faiblir à nouveau en montagne. Dans la descente s'ensuit sa spectaculaire dégringolade quotidienne, qui lui coûte du temps et de l'argent. Odiel Defraeye erre, malade et apathique, sur les flancs de la montagne. La force de ses jambes de cycliste ne cesse de s'épuiser.

Thys est fermement en tête. Pélissier suit à une demi-heure, Alavoine à 15 minutes. Rossius a chuté sur la glace, perdant plus d'une heure. Il peut faire une croix sur ses ambitions de podium.

Flup vérifie. Personne n'ose le défier. Ce sont des mots dangereux. Thys heurte de plein fouet le gravier lors du trajet suivant, de Luchon à Perpignan, près d'Aix. Le visage considérablement touché, il se reconnecte avec difficulté en grimaçant. Après une bonne gorgée de Vin Koto à base de feuilles de coca péruvienne, tout rentre dans l'ordre. Certains concurrents ne jurent que par le Vin Tonique Mariani, avec la même recette de base. Alavoine remporte l'étape au sprint avec Buyze, Thys, Pélissier et Rossius.

A l'arrivée de Perpignan-Marseille, 24 coureurs sont arrêtés au vélodrome du Prado. La piste est trop petite. Une chute dans les séries décidera des victoires d'étape. Après 370 kilomètres de course, une petite réunion sur la piste n'a peut-être pas lieu d'être : les coureurs du Tour sont-ils devenus des mauviettes ? Philippe est déjà heureux de rallier l'arrivée et se fait soigner. Quant à Lapize, le finaliste, il ferme les yeux sur l'épineux bistrot Brocco. Joie et tristesse se côtoient. Le vainqueur de l'étape quittera la manche. Un télégramme macabre annonce la mort de sa mère à la Côte d'Azur.

Pélissier et Alavoine sont impatients de tester le leader belge malmené dans l'étape de Nice. L'opération est osée, car Thys y est toujours dans son élément. Sur la Turbie, tout semble encore sous contrôle, mais Phillippe doit soudain poser le pied. Il se penche. Problèmes d'estomac. L'opposition ne donne plus non plus une impression de fraîcheur. Defraeye a des ulcères. Mottiat abandonne. Buyze doit reprendre du temps dans la descente et percute de plein fouet un motard dans la montée. Les spectateurs craignent le pire. Il reste avec des doigts cassés et une commotion cérébrale. Marcel ne peut plus tenir un guidon et doit quitter le Tour. Jean Rossius offre à Alcyon un petit succès à Nice et se bat toujours pour revenir à la troisième place du classement. Gentil jette négligemment le télégramme dans sa poubelle : les nouvelles sont loin d'être à la hauteur des espérances. Pélissier arrive avec Thys et on lui annonce que dix minutes de pénalité l'attendent. Une telle décision est toujours bonne pour le parcours.

Le coureur coloré prend sa revanche sur Desgrange lors de la 10e étape vers Grenoble. Thys glisse d'abord, mais se retrouve rapidement en tête à tête. Surmontant le malaise et restant calme comme toujours, le Bruxellois rejoint le peloton à la force du poignet. Il voit des étoiles mais s'accroche jusqu'à la douce vallée du Rhône. Au sprint, Pélissier est plus rapide qu'Alavoine. Lambot et Thys ne sprintent plus. De plus, la pénalité de Pélissier est annulée.

Attention. Henri a le vent en poupe. Thys n'est pas encore débarrassé de lui. Un homme de paille s'en prend à Flup et propose un paquet de francs pour que Pélissier gagne la manche. Sans réponse, le Français pousse à nouveau fort dans les hauts cols alpins en direction de Genève. Thys saisit sa roue avec beaucoup de difficulté. Pélissier est remarquablement amical et passe plusieurs fois sa canette de boisson, mais c'est alors que le déclic se produit. Il tape sur le bras de Thys et lui demande calmement : "N'y a-t-il pas une proposition que vous devriez connaître maintenant ? Il n'en est rien... Henri n'obtient même pas un regard poli et oublie soudain de donner un coup de pied. S'il n'obtient pas ce qu'il veut, il se fâche. Remarquez, je m'en tiens là : pensait Thys, toujours prompt à la provocation, mais il ravala ses paroles. Garrigou n'y est pour rien. Il ne tarde pas et gagne en Suisse, devant Pélissier et Thys.

En ce qui concerne la tentative de corruption, Philippe a gardé les lèvres closes et a déclaré qu'il n'a jamais su qui opérait dans les coulisses. Mais qu'il surveillait de plus près son matériel et qu'il goûtait toutes les voitures suiveuses qui s'approchaient de lui comme jamais auparavant, il le tenait pour acquis. Parce que Desgrange ne s'intéressait pas à mon histoire et que les Français n'avaient pas gagné depuis si longtemps, Thys s'est parfois un peu relâché. Enfin, il clôturait toujours l'affaire en disant : s' il n'ya pas de preuve, il n'y a pas d' histoire. Avec sa décla-

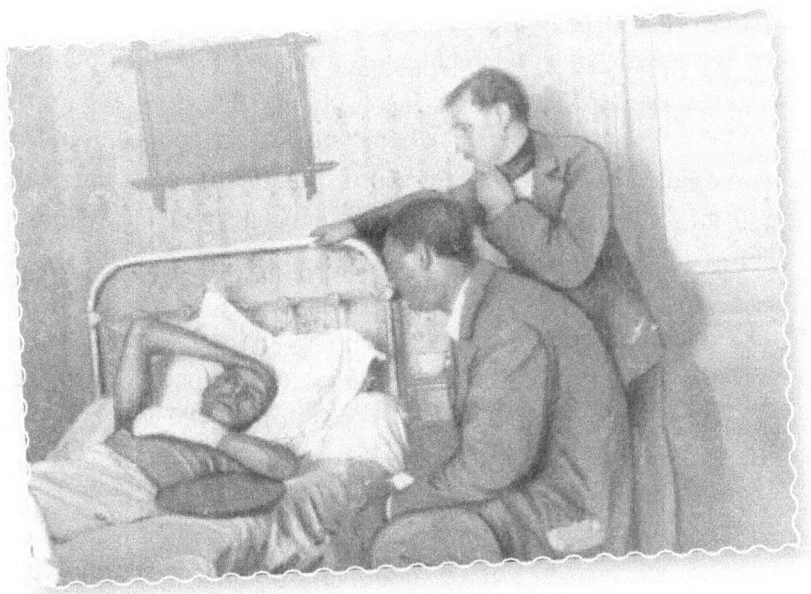

▲ Marcel Buyze se remet de sa mauvaise chute, mais devra quitter le Tour.

▲ Faber, Garrigou en Thys op de Col d'Allos.

ration sur l'absence de victoire française, Philippe mélangeait déjà clairement les époques. En 1914, la suprématie belge était peut-être déjà une nuisance pour les Français, mais pas encore un stigmate. Il est tout à fait possible que Thys, dans ses commentaires évocateurs, ait simplement surfé sur la vague de l'aversion classique pour les arrangeurs français. Même avec le patron du Tour, Thys piquait parfois un œuf furtif avec le Tour, si on lui donnait le bon coup de main pour le faire. Desgrages s'est toujours présenté comme un arbitre sportif pointilleux, mais quand cela l'arrangeait, il pouvait soudain devenir le champion nonchalant de la bataille française : le basset a laissé échapper un mot.

Sur le vélo, le Français Pélissier s'améliore de jour en jour. Lors de la 12ème étape vers Belfort, il a mis une nouvelle carte sur la table. Philippe s'adapte au Ballon d'Alsace. Il a mal partout. A l'arrivée, ce n'est pas trop grave : sixième et deux minutes perdues. Un grand merci à Rossius et Lambot, qui le rattrapent et le mettent dans les roues.

Philippe passe des jours difficiles. Il a toujours plus d'une demi-heure d'avance au classement. A Longwy, son coéquipier Faber veut toujours gagner. Le peloton rencontre la cavalerie lors de la 13ème étape et elle ne se dérobe pas. Coomans, Scieur - pourtant vêtu de la tenue orange de Thomann - et Rossius en font les frais. Les soldats ne s'arrêtent même pas lorsque le Tour arrive au bord du gouffre. En vue des hauts-fourneaux, Faber croise encore la poupe d'une calèche au galop. La fatigue à l'état pur. Il ne perd pas les sept minutes d'avance qu'il possède encore sur Thys et consorts. Les Luxembourgeois franchissent la frontière par Differdange et Esch et se réjouissent, picon au vinaigre blanc à la main.

En se remémorant l'année 1913, Thys ne dort pas sur ses deux oreilles. Le parcours de la 14e étape, de la pointe des trois pays près de Longwy à Dunkerque, emprunte toujours les ruelles pavées de la zone industrielle nord. Les routes y sont parsemées de nids-de-poule, de mauvaises réparations et de voies ferrées à proximité des usines et des asten. La malchance se cache derrière chaque virage et des milliers de personnes imprudentes sautent partout, commençant les vacances plusieurs heures à l'avance avec tout ce qui peut désinfecter la gorge contre la poussière de charbon qui tue. Tout va bien. A deux tours de l'arrivée, il a 31 minutes et 50 secondes d'avance sur Pélissier. Au moindre pépin, la France collectée sortira quelque chose du chapeau tricolore. Si Henri a quelque chose dans la tête, il ne manquera pas de se surpasser pour le prouver. Que Pélissier et Desgrange ne se laissent pas respirer, c'est une tromperie. S'ils voient une opportunité quelque part, ils feront tout pour abaisser le drapeau belge et hisser le leur. Thys n'est pas religieux et certainement pas crédule.

1914

Le Nord
diabolique / 2

A raison pour laquelle le tour doit absolument aller à Dunkerque dans la finale est un mystère. Lille aurait aussi pu être fait. Desgrange n'est pas de cet avis. Lorsque Trousselier - l'homme que Thys a appelé pour la première fois le basset - prend la tête, tout le peloton est en colère. Son pantalon est usé à l'arrière par les frottements. Il doit rentrer à vélo, les fesses nues. A Maubeuge, tous les favoris sont encore ensemble et Trou reçoit de nouveaux vêtements. Lille approche. Il faut maintenant faire attention. Thys commence à rouler quelques mètres derrière le groupe de tête. On entre maintenant sur des routes où les coureurs font souvent des écarts pour éviter les nids-de-poule et s'accrochent les uns les autres. Et puis, dans les zones densément peuplées, il y a toujours des hordes instables de cyclistes qui veulent suivre les coureurs le plus longtemps possible. Se laisser un peu dévier est une démarche raisonnable, mais pas une politique concluante. Dans le vulgaire village-carrefour de Wez-Marcquet, une autre dose de malchance nous attend.

Un vieillard traverse la route en sautillant entre les rangées de spectateurs, comme seul un aîné têtu et fort en gueule réussit à le faire. On lui crie : de côté pepé, les coureurs arrivent. Le groupe de tête passe en un seul morceau. Mais le vieux barbu fait soudain une embardée dans un virage. Thys, qui arrive derrière, n'a que les broussailles pour s'échapper et tombe. Jumper déchiré, roue cassée. Non de djuu, soulârd, s'écrie Flup, vendant à l'imbécile un désagréable coup de poing dans la cage thoracique par pure frustration. Le malheur se répète. Heusghem donne sa roue et Faber abandonne.

◀ Philippe Thys après avoir terminé la dernière étape du Tour de France 1914.

Dans la tourmente, Flup oublie de retirer le moyeu de la roue cassée, auquel est accroché un fil de contrôle. Un commissaire de course lui fait signe de continuer. L'irréparable est noté. A Hazebrouck, on oublie tout et on se rapproche. Que Thys ait acheté une roue dans un magasin, comme on le raconte parfois, relève de la fiction. Dans les épingles à cheveux de Casselberg, quatre solides grimpeurs s'échappent. Philippe prend la tête avec assurance. Ses trois compagnons creusent.

Pélissier se rapproche à nouveau. Faber est heureusement présent et reste en soutien. Le luxueux coureur luxembourgeois s'impose. A l'arrivée, le sympathique juge a perdu son carnet et sa mémoire. Le malheureux doit céder sa place au patron du tour, qui le siffle en retour.

Desgrange est formel : Thys subit une pénalité de 30 minutes. Le Belge éclate de colère et se défend en disant : "Rossius a commis la même erreur un jour plus tôt et n'a pas été sanctionné : Rossius a commis la même erreur un jour plus tôt et n'a pas été sanctionné. Il s'agit de manœuvres sournoises. La réponse de la direction du parcours renverse carrément l'argument. L'erreur de Rossius n'a pas été prise en compte. De Waal écope tout de même de 30 minutes de pénalité. La barre est la même pour tous.

L'avance de Thys sur Pélissier est toujours d'à peine 1 minute 49 secondes. L' Auto peut se préparer à imprimer un tirage monstre intitulé : Le Tour s'est décidé sur la dernière étape vers Paris. Le vent est trop fort pour que l'annonce soit mise en pratique. Les deux protagonistes ont peu d'appétit pour le duel promis. Dans la dernière étape entre Dunkerque et Paris, les coureurs ont besoin de deux heures pour parcourir les 42 premiers kilomètres jusqu'à Calais. Au contrôle du Café de la Plage à Boulogne, il pleut des vessies, et un groupe impressionnant de coureurs de l'abri arrive. Le crayon d'aniline, par ailleurs très disputé, passe de main en main de façon rythmée et civilisée. Bauvais : une heure et demie de retard sur l'horaire prévu. Thys a de la chance. Le vent souffle et la pluie tombe de plus en plus fort. La fuite est impossible. Pélissier est obligé de rouler avec sa grande gueule - devant le leader - dans la brise et les gouttes. Pour demander de l'aide, même à ce moment désespéré, il est trop hautain. D'ailleurs, qui voudrait l'aider ? A Poissy, ils sont encore 15, et puis Pélissier part quand même.

Il doit faire quelque chose. Quatre coureurs se détachent : Thys dans la roue d'Henri, puis Rossius et Brocco. Le fait que Pélissier tente à nouveau de se défaire de Thys dans les collines de la région parisienne, mais qu'une foule dense de spectateurs lui barre la route, est une fable qui a longtemps fait les beaux jours de la littérature sportive française.

C'est une histoire désespérée. Le Coeur Volent est une courte pente fortifiée à Louveciennes, près de Versailles. À l'époque, il s'agissait d'une déviation étroite et piquante de la N186, avec trois cents mètres de dénivelé. Thys veut y être prudent, en laissant de la place pour parer les bousculades imprévues. Pendant plus de quelques longueurs, Henri n'est jamais devant. A l'entrée de l'agglomération parisienne, ils sont déjà neuf. Faber aux commandes.

Derrière, jusqu'à 500 fervents cyclistes se joignent à eux. Lorsqu'ils déboulent sur le pont de Saint-Cloud, tout le peloton s'accroche. Tout le monde se redresse. Personne n'est blessé ? Pas de dégâts sur les vélos ? Le cœur de Thys bat la chamade. Plus que deux kilomètres. Enfin. Les contours du Parc des Princes se dessinent. Ils vont faire un sprint. Pélissier reçoit la dernière étape en cadeau. Le vainqueur du classement général s'installe dans son sillage, derrière les torses choqués de Wirtz et Rossius. C'est ça Flup : pas de risque, pas de triomphalisme, pas besoin de contrarier l'opinion publique française. Mais juste rester le meilleur et le faire savoir avec joie et douleur.

Thys se précipite pour faire une déclaration. Ce qui s'est passé hier était une tentative de me déstabiliser mentalement, mais ça n'a pas marché : clarifie le primus dans un seul souffle. La manche se termine le 26 juillet. Peugeot compte quatre coureurs dans les cinq premiers (Thys, Pélissier, Alavoine et Garrigou). Alcyon-Soly n'a plus qu'un seul coureur en course : le fantastique Liégeois Rossius qui se faufile tranquillement entre les Lions.

À propos de la finale, qui a été épicée comme du sambal et a propulsé les villageois dans les rues, le vainqueur, bien des années plus tard, aime à dire qu'après être arrivé, il a collé son nez contre la barbe hérissée de Pélissier. Même si tu avais chevauché avec moi jusqu'à et à travers le véritable enfer, j'aurais continué à te suivre. Tu n'avais aucune chance, même avec le soutien de la France entière. Jusqu'à l'année prochaine Henri : les derniers mots amers ont retenti.

Avec son caractère de grand seigneur, Pélissier a apparemment encore aboyé : aux points, je suis le meilleur, avec 37 contre 46. Thys a tourné le dos à ce subterfuge de pacotille en lançant : tu aurais dû gagner il y a deux ans, c'est le temps qui compte.

Sa victoire n'était pas si évidente. Philippe avait habilement résolu la pénalité de temps vicieuse orchestrée grâce au temps orageux, mais des noix dures ont été cassées dans les Alpes. Pélissier y était clairement le meilleur coureur. La moto de course du vainqueur mérité a été exposée pendant des jours à la Maison Peugeot de la Grande Arméelaan. Des milliers de personnes se sont collées comme des mouches contre la vitrine pour voir de près la machine magique à la roue cassée.

Dans la République du Croissant - surnom du quartier parisien où vivent tous les directeurs de journaux - un fanatique attaque Jaurès le 31 juillet. Le leader de l'opposition succombe sur place. Pacifiste convaincu, il était venu la veille à Bruxelles pour plaider contre la guerre qui s'annonçait. Jaurès ne voulait pas savoir que ceux-là mêmes qui n'avaient pas le droit de décider et qui n'avaient pas de voix se tiraient dessus. Le coupable a été arrêté, puis acquitté parce qu'il rendait un grand service à la nation. Un pays en guerre peut-il être aussi aveugle et cynique ? Le même jour, la France et la Belgique déclarent la mobilisation générale.

Le 2 août au matin, Thys est pris en charge à la gare du Nord à 11 heures en mode mineur. Pélissier a fait le voyage avec lui, en vue de certains contrats de piste. Après un bref accueil, le groupe se voit offrir un déjeuner au vélodrome de Karreveld, où une première rencontre était normalement prévue. L'hostilité entre le vainqueur et l'attaquant n'est donc pas si grande. Les plaisanteries de Gore, telles que la corruption et la coalition, font partie du jeu. Une fois arrivé, la partie est jouée. Tout n'a peut-être pas été effacé et oublié, mais au moins temporairement rangé.

Une heure après l'arrivée de la dernière étape à Paris, Pélissier doit donner une interview à Radio France. Thys - qui, en tant que vainqueur, a eu le scoop tout de suite - vient de quitter la salle d'émission. A la question de savoir s'il a vu le Belge en sortant, Pélissier répond avec humour : non, car je présume qu'il a toujours 1 minute et 49 secondes d'avance sur moi. Il y a beaucoup de bonnes raisons de ranger la querelle sportive au placard. Le grand vainqueur demande à son adversaire le plus proche de rentrer à la maison avec lui, pour progresser ensemble. Des personnes supplémentaires se présentent toujours pour ces duels et chacun met une belle commission dans sa poche. Le spectacle grabataire n'a pas lieu, car les Allemands entrent à l'improviste au Luxembourg dès le lendemain et achètent tous les billets d'animation restants. La Belgique est en émoi : den Doitch est soudain étrangement proche. Les Belges de Forward d'hour ont été appelés pour aller nous venger : cela résonne dans les rues pavoisées de Bruxelles. L'aptitude verbale contraste fortement avec la préparation effective. Il n'y a même pas un fusil pour chaque soldat, pas même un uniforme résistant aux intempéries. Personne n'a reçu d'entraînement de base et l'artillerie peut à peine faire rugir 300 canons légers. C'est pourquoi les éclaireurs Ulans traversent la frontière belge sans crainte. Pendant ce temps, 40 000 recrues refusent de s'enrôler. L'armée belge est une collection de soldats de plomb. Pélissier réfléchit et rentre à Paris par le train le plus rapide, en sept fois.

1914

Aviateur
mis à la terre

En août, les troupes allemandes s'emparent de Bruxelles sans combattre. Des colonnes passent par la route principale d'Anderlecht pendant des jours. Sur toutes les places possibles, les Allemands installent des cuisines de campagne. Ils mangent n'importe où, n'importe quand. Les comptoirs et les chambres froides des bouchers sont réquisitionnés. Les bouchers trouvent dommage que tous ces beaux steaks et rôtis soient sautés dans un mélange de bouillon gras. La viande rouge propre, on la fait frire goo g'assaisoneit, de toute façon dans une poêle largement beurrée !

Les fantassins prussiens n'ont pas de manières. Ils défient la population et s'emparent de tout. Bientôt, ils enferment le maire Adolphe Max. Vers la France, il y a encore des portions de no man's land que l'on peut facilement traverser. Le front n'est pas stable et Paris est parfaitement accessible pour qui sait s'orienter et s'informer. Quelques jours auparavant, Philippe fait ses adieux à la maison à tous ceux qu'il aime.

Le commandement de l'armée a été prévenu lors de l'hommage au Karre Field. En tant que propriétaire de voiture, Thys a intérêt à se porter volontaire. Il accompagnera peut-être le plus longtemps possible les membres de l'état-major de l'armée en Belgique, les conduira jusqu'à la côte au fur et à mesure de l'avancée de l'ennemi et les pilotera vers l'Angleterre. Cette anticipation permet à l'homme et au cheval de traverser silencieusement la mer, alors que d'autres notables sont sommés de remettre leurs véhicules aux autorités belges quelques jours plus tard. Philippe ne tarde pas à se rendre à Folkstone pour nettoyer les locaux du consulat.

◀ Philippe en uniforme.

Sa sœur aînée a également fui in extremis et trouvera refuge chez cousine à Paris pour le moment. Les autres enfants Thys restent à la maison. Ils sont mineurs et les douaniers français se montrent difficiles à ce sujet. La survie se fera avec les conserves américaines, le pain de son de 't comity et les maigres fruits des champs pour lesquels les champs de 't Potaadegat et du Vogelzang seront passés au peigne fin. Flup a laissé de l'argent en réserve pour faire du marché noir si nécessaire.

Sur le front intérieur, de terribles rumeurs se répandent immédiatement : Thys a été tué dans l'avion pour l'Angleterre, le corps de Defraeye a été retrouvé sur le Rupel dans une tranchée... Une semaine plus tard, la moitié de la section s'avère morte. Il n'en est rien. La France est plus forte que la Belgique et tiendra tête aux boches. Paris ne se laissera pas faire. On y est en sécurité et la guerre ne durera pas longtemps. C'est ce que tout le monde dit. Thys est déjà en train de faire la traversée vers la ville lumière. Mais les choses vont se passer différemment. Avec sa nièce -une dame avec présence et de conviction qui a quitté l'oppressante Bruxelles pour une existence parisienne variée- il est bientôt enfermé dans une cage dorée. La guerre n'est pas terminée et le cyclisme est à l'arrêt. Un jeune homme puissant ne peut pas continuer à faire des tours de parc à pied. Les amis-cyclistes de Levallois partent tous au front. L'ambiance devient sinistre, même dans la métropole à la mode. Qu'est-ce qu'un gros bras en costume propre traîne encore ici ? Pourquoi celui-ci ne va-t-il pas défendre le pays ? Thys le lit sur de plus en plus de visages.

Lorsque l'armée de l'air belge ouvre une école d'entraînement à Étampes - à une heure de Paris - en mai 1915, il va y jeter un coup d'œil. L'inscription en tant que volontaire doit se faire par l'intermédiaire du centre de recrutement et du quartier général de l'armée belge à Calais. En octobre, Flup est convoqué pour une session d'entraînement. Ensuite, il pourra travailler comme mécanicien à la base aérienne. Les vainqueurs du Tour n'aiment pas attendre. Le 19 octobre, Thys entre dans le maigre pavillon de couchage, à la grande surprise de ses futurs colocataires.

Il sait réparer un vélo et connaît les techniques de base des chambres à air et des roues. C'est tout ce qu'il devrait faire. Un avion de cette époque est en fait une bicyclette avec des ailes et un moteur à l'avant. L'école de formation est une enclave en temps de guerre. Les hommes de l'aviation ne tolèrent pas les regards indiscrets. Personne ne peut leur donner d'ordres, car à l'époque, personne ne sait rien des pilotes et des pilotes. Les instructions de vol qui ne sont pas accompagnées d'un véritable scénario dégénèrent en comédie burlesque, dans laquelle des appareils rares

et précieux se heurtent déjà à l'herbe, se renversent sur le
côté ou, plus tard, tombent du ciel.

Les Français de la célèbre école Farman, en bas de la rue,
rient à gorge déployée. Flup fait un travail de neuf à cinq.
La nourriture est bonne et il y a du temps pour s'entraîner.
Cela aussi est permis, car un grand cycliste dans la caserne est comme une mascotte. Le superviseur du camp
et ancien cycliste Charles Van Den Born donne l'autori-
sation. Mais cela ne sert à rien. La tempête mondiale continue
de s'étendre. Les Italiens changent de camp : cela ne changera pas grand-
chose. Les armées du Commonwealth sont battues sur le troisième front en Turquie
et à l'intérieur du pays, de plus en plus de résistants sont exécutés à den Tir (prison
située sur l'ancien champ de tir près de l'actuelle VRT).

A l'été 1916, la guerre est verrouillée, mais le cyclisme professionnel reprend avec
des rencontres bimensuelles au Parc des Princes. Derrière les tandems, Philippe
gagne d'une demi-roue sur Ali Neffati en septembre. La Vélodrôme d'Hiver reprend
avec une grande ouverture le 5 novembre. Meurger - abandonné par Thys dans le
Six de 1914 - l'emporte. Flup joue ce jour-là au football de base contre l'Amicale
Sportif Français. Le score est de 0-0. Son entrée en piste est fixée au 18 novembre.

Dix mille téléspectateurs veulent voir la course de couple. Deruyter et Thys volent
la vedette, mais ils s'affrontent du début à la fin. Qu'Egg-Content avance prudemment et finisse par prendre le dessus, c'est ce qu'ils estiment mal. Ils sont si motivés,
si heureux de sentir à nouveau les pédales. En décembre, dans un omnium contre
Pélissier et Lapize, Philippe reçoit la victoire en cadeau. L'enfant terrible Henri
chute et s'avère incapable de disputer la finale. A 47,200 km/h, le Bruxellois obtient
gratuitement le record de guerre sur piste.

En 1917, le gouvernement autorise la reprise des courses sur route. Roubaix est
dans la zone de front, mais vers Tours libre, la vieille classique peut reprendre. Le
grand public n'a pas oublié la course. Thys, après sept heures et quelques minutes
de course, peut laisser derrière lui son bourreau Godivier. Christophe et Mantelet
suivent. Le temps record de Crupelandt est augmenté d'une minute. Il remporte
désormais une victoire classique, même s'il s'agit d'une édition de guerre allégée, à
laquelle ne participent pas tous les grands noms.

SERIE DE LA GUERRE. — N° 134.   LE NUMERO : 25 CENTIMES   MERCREDI 9 MAI 1917.

SPORTING
EDITIONS SPÉCIALES PENDANT
LA GUERRE

Le départ de Paris - Tours

Cette photo réunit quelques-uns des grands cracks qui participèrent à la course. De gauche à droite : MANTE-
LET (arrivé 4°), GODIVIER (2°), VAN DEN HOVE (7°), CRISTOPHE (3°), ALI NEFFATI (9°), NOEL (8°), P. THYS
(1er en 7 heures 14 minutes).

Trois semaines plus tard suit une belle initiative de L'Auto : un nouveau parcours entre le pittoresque Mont-Saint-Michel et Paris. La Manche du matin apporte de la fraîcheur, mais le ciel de cette nuit a aspiré trop d'eau de mer. Les nuages déversent des litres d'eau saumâtre sur le Bocage en fleurs et Thys attend à Mortagne-au-Perche le camion avec les bagages. Valise sur le guidon, il se retrouve dans une scierie où il n'y a pas de problème pour se changer. Le bûcheron ne reconnaît pas Thys, son petit garçon oui. Une chaise est poussée, obligeant Philippe à servir à la cuillère une grosse assiette de pot au feu. Lorsqu'il veut payer les soins prodigués avec un billet de banque moite, le bûcheron lui serre l'épaule : c'était un plaisir Monsieur Thys et une rencontre à ne jamais oublier. Flup promet d'envoyer une carte de conducteur propre et signée après et se met en route pour la station la plus proche, parcourant bientôt vingt kilomètres à vélo dans
les flaques d'eau.

Le Théâtre du Châtelet crée Parade, le ballet de Cocteau sur une musique d'Erik Satie. Picasso conçoit des décors et des costumes cubistes peu pratiques qui font tomber les acteurs. Des sosies de soldats désorientés par la cé- cité et amputés. Un antidote surréaliste et choquant aux éclats d'obus et au gaz moutarde. La résistance culturelle au mode guerrier est souvent trop farfelue pour contrer la froideur crue du front.

▲ Alfonsina Strada.

Même le sud est en proie à la tristesse en cette matinée du 4 novembre. En Italie, les feuilles tombent toujours un peu plus tard en automne, mais là, c'est un sacré début d'hiver. À l'écart, Alfonsia Strada - la seule femme capable de rouler sur une classique - met de l'ordre dans ses sous-vêtements en flanelle. Plus tard, la "donna" fera le Giro avec les hommes et gagnera plus d'argent que le vainqueur au classement général. Pelissiser réchauffe le peloton à un rythme soutenu.

Sur la route de Côme, un groupe de tête de cinq personnes atteint un bonus de deux minutes. Juseret et Thys prennent la parole et démarchent à tour de rôle pour faire tomber la coalition locale Lucotti-Torricelli. Pélissier veut aussi gagner et ramène tout le monde à chaque fois. Avec Belloni et Girardengo qui arrivent, ils savent ce qu'il faut faire : tourner. Les chouchous italiens ne reviennent pas et la blague du jour suit sur la piste cycliste, quand les ténors se coupent en bas et en haut. Il y a de quoi se faire des cheveux blancs. Thys est en tête. Pelissiser arrive à côté et les Italiens se faufilent derrière. A une bonne dizaine de mètres de l'arrivée, les rouages du sprint basculent. Quatre paires de roues glissent sur la ligne.

Les juges désignent Philippe comme vainqueur. Pélissier, bien sûr, n'est pas d'accord. Avec lui, les figures d'autorité fonctionnent toujours comme un chiffon sur un taureau. Même après s'être plaints, les délégués confirment le résultat. Le tumulte s'apaise lorsqu'Alfonsina entre dans le stade dans un dernier groupe. Une deuxième victoire classique peu orthodoxe est imprimée en biais sur la photo, mais elle compte.

À l'approche de 1918, Thys s'inquiète des concurrents qui lui barrent en permanence la route. Que mangent ces hommes ? Marcel Godivier, qui a certes eu un grand talent, revient en force. C'est un sujet costaud et râblé avec une tête de danseur de tango. Il fera encore plusieurs fois mordre le sable à Flup sur les pistes cyclables. Lors de la réunion de charité, destinée à récolter des fonds pour le monument en l'honneur de Darragnon, c'est reparti pour un tour. Charles Mantelet est l'autre vilain : un coureur de guerre pas tout à fait pur sang, qui est à l'avant de tout et qui ne roulera bientôt plus sur un prix plat. Au Parc, les pros disputent un Championnat des champions sur 100 km le 9 mai. L'enfant doit avoir un nom. Il y a déjà si peu à faire sportivement. Thys gagne, mais descend en cours de route pour prendre un autre vélo. Mantelet - qui est allé informer le jury lui-même - reçoit donc la victoire en cadeau. Jules Messelis grogne en flamand occidental : les Français ont toujours une explication et inventent de nouvelles règles sur place. Il n'y a pas beaucoup de moments pour répliquer. A Paris-Tours, une semaine plus tard, Philippe n'est même pas autorisé à prendre le départ. Arrivé en retard à cause des retards des trains dans la capitale, il n'arrive pas à faire avancer son vélo à temps. Cela convient si bien aux Français que l'on pourrait penser que quelqu'un, le long de la piste, a délibérément laissé un feu de circulation au rouge. Mantelet n'en a cure et s'adjuge une nouvelle fois la victoire.

A Tours-Paris, Thys partira probablement. Flup prendra cette fois un train plus tôt. Le parcours inverse de la classique est destiné à dépoussiérer le calendrier. Le long de la ligne de front à Montdidier, les Allemands ont lancé une attaque d'artillerie la semaine précédente. Le commandement militaire retire rapidement toutes les permissions. Il n'y a donc que 27 inscrits. Après deux casses de pneus et une chute à

Orléans, Flup s'élance quand même vers la victoire. Six d'entre eux se faufilent dans le Prinsenpark. Pistier Sérès est en vue. Le Brusseler prend la tête et est très fort. Mais Mantelet le harcèle à nouveau jusqu'à l'arrivée. Aucune nouvelle ligne n'apparaît cette fois-ci. Le jury fait ce qu'il a à faire et les fleurs sont pour le sergent belge.

Pendant ce temps, Philippe déménage sa culotte de l'armée. A Étampes, Français et Belges ont chacun leur caserne et leur piste d'atterrissage. Lors des montées et descentes, en fonction de la direction du vent, cela pose des problèmes de sous-utilisation. Thys et consorts sont envoyés sur une piste d'atterrissage désaffectée appartenant aux Français à Juvisy. Le Port-Aviaton est une étendue de terre engloutie pour les nageurs et les rameurs. Les grotesques aviateurs belges y trouvent leur compte. Un ruisseau contrarie le site et inonde régulièrement la zone. Logistiquement, c'est un vaste campement à peine organisé. Mais ce n'est que pour un temps. Après le 11 novembre, plus personne ne devra lever le petit doigt. La vie oisive peut commencer. Fin janvier 1919, le lent nettoyage terminé, Flup est licencié.

Le retour au pays ne se fait pas sans heurts. La moitié de la population mondiale veut prendre le train pour rentrer en même temps et la grippe espagnole siffle en Europe occidentale comme un cobra mortel. Maman est vite rassurée. Traîner encore un peu à Paris ne fera pas de mal. Il y a encore des bouteilles de vin cachées dans les égouts et les catacombes pour le bal de la victoire.

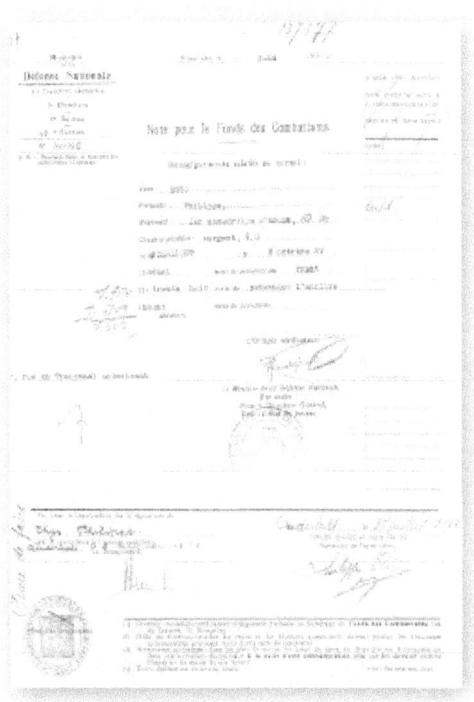

Contrairement à ce qu'affirme déjà la littérature sportive, Philippe n'a jamais traîné dans les airs en tant qu'aviateur. Lorsque - après le Tour 1922 - il fait sa demande au ministère de la Défense pour obtenir des galons de front (allocation de guerre), la réponse est négative. Pour preuve, sa fiche militaire sous le nombre de jours de séjour au front indique : néant. Une réduction sur les billets de train ou une carte de bus gratuite, Philippe n'en aura plus jamais besoin par la suite.

▲Philippe Thys vient de remporter Tours-Paris 1918 au sprint.

1919

Le train

Il y a de la neige sur le toit du palais des sports lorsque le bourgmestre Mettewie donne le coup d'envoi des Six jours de Bruxelles. La première nuit, les étudiants forcent l'entrée de la rue de Jérusalem et, outre le spectacle médiocre, se réchauffent. Lorsque Thys et le champion français de sprint Dupuy remportent les Six de Bruxelles dans la nuit du 5 avril 1919, il fait encore froid sur les bancs vides de la tribune. Le Français à l'accent méridional, originaire de Brive-La-Gaillarde, a souffert d'un froid incroyable.

Le duo peut conserver son tour de bonus jusqu'à la dernière journée. Aerts-Spiessens et Persijn-Vandevelde complètent le podium. Ce ne sont pas vraiment les crêpes de l'ovale de bois. Les perdants ne sont pas du tout satisfaits du parcours. Les copains de Thys se sont arrêtés de pédaler derrière le duo de tête et ont délibérément déboulé sur la route. Les confédérés haussent les épaules. Sportivement, l'opération ne diffère en rien de celle que se préparent les Flandriens de Mac Bolle : s'entendre et se retenir aux moments cruciaux. Les vainqueurs parcourent 4130,125 kilomètres. Une distance de Tour en salle.

Henri Pélissier bat Thys dans un Paris-Roubaix extérieur tout aussi froid, fouetté par des rafales de glace. Le visage pas encore séché, Philippe repousse déjà la serviette de son accompagnateur. Une tirade à l'égard des journalistes se met en place : les Français ont encore usé de stratagèmes. D'abord en laissant un train sur le passage à niveau, puis en obligeant Barthélémy et Pélissier à se coller à ma roue. Dans la précipitation, Thys se plaint à nouveau de la bande d'arrivée invisible. Les gagnants sont de mauvais perdants. Le premier grand affrontement cycliste de l'après-guerre est un thriller. Les frères Henri et Françis, plus élancés, ont prévu d'en faire une sortie familiale. Ils partent à l'assaut de loin, malgré le temps exécrable. Lorsque le jeune homme commence à faiblir et qu'il doit en plus faire face à des casses de pneus, Henri décide de se calmer. Thys arrive donc au front, pieds chaussés, et voit tout de suite que Françis a été trahi par son orgueil de jeunesse. Flup l'élimine immédiatement, mais c'est sans compter sur Bartélémy, qui peut encore suivre les ténors, qui ralentissent légèrement. Tous trois filent à vive allure vers Roubaix, jusqu'à ce qu'à Lesquin, dans la banlieue lilloise, un train bloque le passage à niveau. Pélissier est nerveux. Des coureurs sont signalés un peu plus loin. Henri prend la fuite par surprise, ouvre la porte d'un wagon et hisse son vélo à l'intérieur. Les deux autres hésitent. Jusqu'à ce que, sous le wagon, ils aperçoivent une paire de grandes chaussettes qui s'éloigne. Ils réagissent tardivement et il leur faut des forces pour se retrouver. L'épilogue imprévu tue Thys. Dans une finale équitable, il n'aurait jamais pu perdre sur la voie. Avait-on le droit d'ignorer un passage à niveau à l'époque ? Ou bien un train à l'arrêt est-il héritier du pouvoir ? Paris-Robaais appelle L' Enfer du Nord cette mauvaise édition. Les bombes ont causé tant de dégâts que sur les 40 voitures suiveuses, cinq sont arrivées à l'arrivée. Les coureurs s'en sortent mieux : 25 d'entre eux terminent la course. L'état des routes et les limites du peloton réduisent fortement la vitesse de la course partout.

Selon les critères actuels, le Tour 1919 n'aurait jamais eu lieu, les conditions étant un peu plus difficiles que les deux centimètres de neige entre Kuurne et Bruxelles. Au-dessus de la Loire, il n'y a pratiquement plus de liaisons routières continues. Sur les huit millions de Français actifs qui allaient devenir soldats, plus de six millions sont morts ou blessés. Ils meurent au rythme de mille par jour. Chaque fois que la terre se détourne honteusement vers la lune, deux mille autres sont blessés. Jour après jour, pendant quatre ans. Une génération entière disparaît.

Comme les corps humains, les champs de topinambours qui ont sauvé la France de la famine sont épuisés et vidés. La nourriture est insuffisante et il n'y a même pas de literie disponible. Le caoutchouc nécessaire à la fabrication des pneus de bicyclettes est à peine disponible. Ceux qui restent sont vendus au prix des lingots d'or. Tout aubergiste qui peut présenter un beau morceau de viande sous sa serviette blanche accueillante s'avère être un imposteur qui demande de l'argent irréel. La population sauvage a été décimée. Les chiens et les chats mijotent dans les ragoûts, même parmi les citoyens distingués. De la flotte originale de 66 000 véhicules de la Grande Guerre, il ne reste que peu de véhicules utilisables et il n'y a presque plus d'essence. Conduire une course d'endurance dans ces conditions semble impossible.

▲ Emiel Aerts et Alfons Spiessens pendant une pause de six jours.

Pendant quatre ans, toute l'énergie et l'argent sont allés au front. Le Circuit des Champs de Bataille, qui se déroule au mois de mai en hommage aux soldats tombés au combat, en est la preuve. À aucun moment, il ne s'agit d'une course sur route ordinaire. L'immense parcours dans la boue et les débris ressemble à une course d'obstacles à travers des champs de mines et des tranchées. On dirait une randonnée en VTT mal chronométrée avant la lettre. Les rues sont défoncées par la Grande Guerre, les paysages déchirés en d'immenses cratères qui sentent encore le solfège. Les coureurs rampent sur des panneaux de signalisation tordus à la tombée de la nuit ; chercher le nom de la ville où ils se trouvent n'est plus attendu depuis long-temps. Si cela a été inventé, au moins ils sont rentrés chez eux, loin de ce spectacle macabre. Personne n'a osé organiser la course par la suite, tant l'affreuse édition de 1919 a fait tache d'huile.

La situation ne s'est pas améliorée début juillet. Mais Desgrange doit et va faire sa course, contre tous les conseils et toutes les persuasions amicales. Même les fabricants de vélos ne peuvent l'aider. Leur marché s'est effondré, les usines sont en partie démantelées. Même si les méchants murmurent que leurs carrosseries ont rapporté de l'argent à l'armée. Les marques qui se faisaient une concurrence féroce avant la Première Guerre mondiale s'allient aujourd'hui pour obliger les professionnels à payer des salaires élevés. Avec la création de La Sportive comme organisme de paiement, les fabricants font payer cher tout le monde au nom de la reconstruction du pays et du cyclisme. Le monopole frappe les coureurs de plein fouet.

Fer, acier ? Il n'y a pas de barre en stock. Les coureurs devraient être plus que satisfaits du message qu'ils peuvent embrasser des deux mains parce que les constructeurs leur fournissent encore suffisamment de matériel. Le fait que le Tour en bénéficie dans l'ensemble est l'élément décisif qui permet à La Sportive de rallier le patron du Tour à sa cause. Desgrange vit une relation d'amour-haine avec les moyens de subsistance des coureurs. En effet, les intérêts extrêmes des marques ont définitivement miné son événement.

Le fait que chacun agisse plus que jamais de son côté rend la lutte plus ouverte et le fondateur l'allié objectif du consortium. Cependant, on craint que les Pélissiers ne se déchaînent et ne menacent d'une émeute générale. Il faut l'éviter à tout prix. Leur accord est plus que souhaitable. A la surprise générale, ils acceptent en douceur la politique de La Sportive. Connaissant le clan, il pourrait aussi s'agir d'un pur orgueil. Le lendemain, ils se moquent de tout le monde et se rendent chez le constructeur indépendant Louvet. Il ne peut pas vraiment leur offrir d'avantages significatifs, mais les frères préfèrent l'aventure à l'uniformité. C'est ainsi qu'ils ont été constitués. En 1921, alors qu'ils sont de toute façon à La Sportive, ils font preuve d'encore plus de clairvoyance en résiliant leur contrat et en s'engageant à titre individuel.

1919

Dégâts in
Le Havre

Philippe marmonne à l'intérieur des mots évangéliques fatigués. Ce n'est qu'un texte de répétition. Ce Pélissier d'acier, attendez que je lui parle : fetes Thys. La Sportive pense-t-elle vraiment que nous allons parcourir 5000 kilomètres à travers la France avec un ventre affamé de navets et rien sur notre facture : keutes Flup encore. Peu de réactions. Dans les oreilles des amis Lapize, Faber, Engel et Petit-Breton, le son aurait été différent. Mais ils étaient restés à l'avant pour de bon.

La plupart d'entre eux ont mis leur mort sur le compte de l'orgueil. Ils ont été piégés par le gouvernement français et jetés dans la mêlée pour remplir un rôle modèle. Thys s'adresse aujourd'hui à une génération qui voit dans le prix de la récolte et de la publicité un tremplin vers des temps meilleurs. Le Bruxellois fait ses comptes et décide, contre l'avis de La Sportive et de Desgrange, de ne pas se présenter. Attention, j'abandonne dès la première étape du Tour : il lance les patrons de Peugeot. Ceux-ci écartent la menace.

Rester à l'écart en tant que vainqueur sortant n'est pas une option. Les maîtres français ne le supporteront jamais. Ils peuvent lui refuser l'équipement et invoquer une rupture de contrat. Philippe n'a pas le choix. Il doit prendre le départ, mais il a un plan dans son sac à dos. L'ambiance générale n'est apparemment pas encore assez grise : tous les coureurs de première catégorie se présentent au départ avec un maillot gris souris. Une petite bande centrale - blanche pour Thys - sur la manche devrait permettre de les identifier individuellement. Les couleurs exubérantes ne sont pas encore de mise. Les frères Buyze peuvent porter le bleu de Bianchi. L'écurie Louvet présentera sa propre équipe au départ. JB est le seul grand constructeur français à rejeter la coalition et à tremper ses propres haricots verts. Exactement 66 coureurs sont descendus à Paris : un revers. Niséret, Kopp et Devilly ont annulé à la dernière minute. Thys commence déjà à se rallier en récupérant son dossard. Avec "13", il ne veut en aucun cas prendre le départ. Lambot n'a aucun problème à changer son numéro 14. Desgrange sait qu'il vaut mieux ne pas donner trop de grogne à l'ancien vainqueur et accepte.

Les Allemands signent le traité de Versailles. Samedi, une guerre est donc déjà terminée à temps et définitivement, avant que la suivante n'éclate le dimanche. Entre le Parc des Princes et le départ officiel à Argenteuil, le bizut Francis Pélissier casse une roue. Si Paris est plein de cratères, à quoi ressemblera-t-il à l'extérieur des portes de la ville ? Le jeune frère d'Henri a besoin de deux heures pour récupérer et quitter la ville. Il aurait mieux fait de rester à Paris, car le trajet jusqu'au Havre est une succession de culbutes, de pneus qui éclatent et d'incidents mécaniques.

Les routes principales ne se sont pas améliorées après la sécheresse. Des nuages de poussière obstruent la visibilité et, de temps à autre, des charrettes de travailleurs routiers se mettent en travers de la route. 41 pousseurs atteignent la côte. Thys a eu des problèmes d'estomac toute la journée. En vue de l'océan, il s'engage dans un fossé et mord dans la poussière crayeuse. L'incident marquant a lieu à trois kilomètres de l'arrivée, dans la ville côtière de Sainte-Adresse, sur le territoire belge, où le gouvernement s'était exilé pendant la Première Guerre mondiale. Flup se redresse et abandonne.

Thys aperçoit Le Havre depuis la dune de sable inclinée. Il n'a qu'une égratignure au genou. Mais voilà que, comme dans un film de gangsters prévisible, une grosse voiture surgit de nulle part. Philippe met son vélo sur la banquette arrière et monte à bord. S'il n'y a pas de déclaration derrière cela, qu'est-ce que c'est ? Comme si elle faisait partie de la caravane publicitaire - qui n'apparaîtra qu'en 1930 - l'entreprise entre dans la ville portuaire par les routes du Tour. Réalisme magique ? Le Belge lance à peine des plans signés. Monsieur Henri n'en croit pas ses yeux. Ce sakkerse This ose-t-il quitter son Tour dès le premier jour et de cette manière ? C'est inacceptable pour quelqu'un qui, en tant que personnage central, devait colorer le redémarrage de l'épreuve. Le directeur est tellement en colère qu'il a certes accordé la victoire d'étape au vainqueur Rossius, mais il lui a ensuite imposé une demi-heure de pénalité. Le Wallon a donné une canette à Philippe en cours de route. Rossius a la monstrueuse malchance de se trouver dans le brouillon du verbiage furieux du patron du Tour. On aurait pu donner un bus à n'importe qui. Plusieurs s'il le faut, mais Thys en aucun cas. Le temps de pénalité fait d'Henri Pélissier le premier leader et ce n'est pas un obstacle pour la une de L'Auto.

Flup n'a pas osé retirer son vélo de la banquette arrière et a poursuivi tranquillement sa route. Entre-temps, Flup a déjà fui la France. Desgrange lui envoie une nouvelle amende de 50 francs : pour ravitaillement non autorisé. Désemparé, il envisage d'infliger une autre amende à Thys, pour l'inévitable franchissement du méridien de Greenwich à ce même Veulletes-sur-Mer.

Philippe a été pris en charge au Havre par un accompagnateur, qui a particulièrement bien su prévoir où récupérer le champion déchu.... Une fois rentré chez lui et sorti de l'œil du cyclone, il n'a pas eu à s'inquiéter. Dans les réunions du Tour qui suivent, sur les pentes du Borinage, il peut aider à ramasser de l'argent et même amener son frère Guillaume sur la ligne de départ.

Desgrange, quant à lui, ne s'est toujours pas remis. Pire que d'accuser le Bruxellois de préméditation, il distille une histoire bien plus douloureuse pour un athlète. Thys est tombé et est sorti pour cacher son mauvais état, car il était parti avec beaucoup de kilos en trop, indigne d'un sportif de haut niveau : écrit L'Auto un lundi bleu.

Plus tard dans l'année, le rédacteur en chef sortira à nouveau sa plume aiguisée et qualifiera Flup de "petit-bourgeois, complètement perdu pour le sport cycliste". Selon cette théorie, personne n'a besoin de s'engager dans le vrai débat : sur les motivations de La Sportive et l'évaluation erronée de l'organisation de L'Auto. Celui qui gagne encore une course de six jours en avril, qui co-décide de la finale de Paris-Roubaix et qui continue à participer à des réunions hebdomadaires ne peut pas être descendu du train à Paris comme un gros lard. D'autant que Flup, très attaché à sa culture corporelle, traversait encore Orléans dans Bordeaux-Paris en position favorable. Après une chute malencontreuse, il se lance à sa poursuite, ce qui lui vaut des appréciations dans les journaux.

Face au mythe de l'obésité, Thys répond : qu'en 1919, il n'y avait pas de gros et que même les Allemands dépeints dans la propagande de guerre avec des ventres ronds ont quitté nos terres comme des maigres. Il ajoute délicatement que, vu la qualité de la nourriture et du sous-sol cette année-là, tout le monde avait le droit d'être malade et de tomber à la renverse.

▲ Firmin Lambot devient le troisième Belge à remporter le Tour de France.

La France ne connaîtra plus son Tour de France 1919. Desgrange promet une amélioration dans le sud du pays, plus intact, mais la plupart des coureurs n'arrivent pas à destination. À la fin de ce Tour misérable, le patron écrit dans un moment d'excentricité : j'ai ramené mes onze poilus (poulets plumés) : je peux dire que ce sont de fiers lapins.

1919

Or ou jaune?

Le long de la côte atlantique, les honorables Pélissier enchaînent les victoires d'étape. Henri, flayer de classe mais névrosé, s'enflamme facilement après un succès. Aujourd'hui, on lui prescrirait une grosse boîte de rilatine dès la première visite chez le médecin. Une fois dans l'ambiance de la victoire, le svelte Français a toujours un côté divinement sûr de lui. Le pur-sang traite souvent ses concurrents belges de vulgaires bêtes de somme.

Lorsque La Ficelle fait une flaque à l'orée d'une forêt tristement dégoulinante et qu'elle enlève calmement son gilet de pluie, les chevaux de trait se mettent collectivement en branle. Le pur-sang en solo parvient à rattraper une partie de son retard de 20 minutes. Mais cet effort n'est pas soutenable, même pour un Pélissier. Frère et Barthélémy - qui font exprès de crever dans le gravier pour pouvoir attendre - se joignent à la poursuite. Le patron du Tour y voit une action collective interdite et menace d'exclusion.

Henri s'écarte soudain et fulmine qu'on l'entende jusqu'à la ferme laitière parentale dans le XVIe arrondissement : une question Monsieur le directeur, est-ce qu'ils montent individuellement à l'avant ? Allez donc voir là-bas... Pélissier n'a pas tort. Les règles ne sont pas toujours claires, mais là, c'est l'homme qui les applique qui triche. A la surprise générale, le trio remonte sur son vélo pour repartir. Une meilleure intimidation se prépare. Pourquoi Henri abandonnerait-il dans ce village oublié et désert, à l'abri des regards ?

Les frères obtiennent une tribune pour accuser Desgrange de partialité. On nous veut du mal : qu'ils bloquent la lettre. Le lendemain de la journée de repos s'annonce tout à fait normal. Les Pélissier prennent un petit déjeuner solennel, calmes à souhait, ils écoutent les questions suggestives et donnent des réponses objectives. Puis ils rentrent dans leur chambre et se couchent. Desgrange refuse de frapper à la porte alors que le Tour s'apprête à démarrer. C'est le début d'une longue saga. Les choses ne s'arrangeront plus jamais entre Henri et Henri. Desgrange écrira plus tard, après un nouvel affrontement avec la tête brûlée, que l'aîné des Pélissier a l' inextricablenervosité de jolie femme. Alevoine doit sauver les Français dans les dernières chevauchées vers le midi. A la frontière espagnole, ils sont encore 17. Après les Alpes, ils sont encore 11. Le Tour est en coupe de cheveux. Il faut inventer quelque chose et le patron frappe à la porte du leader Christophe avec un maillot jaune. Eugène, toujours coopératif, n'aime pas porter ce truc criard et être reconnu par tout le monde toute la journée.

Mais Monsieur le Directeur sait convaincre et, en cas d'échec, jouer les dictateurs. Il arrive donc que quelqu'un doive parier le lendemain matin sous les rires des spectateurs et des cavaliers. Christophe, le canari, s'habitue à son plumage et la manche connaît un fait divers. Le duts n'arrivera pas à Paris dans ses plumes jaunes car, encore une fois, Desgrange, veut régaler le peloton de 100 kilomètres de cailloux venus du nord s'il le faut. Un petit clin d'oeil. A Raimes, Christophe casse une nouvelle fois sa fourche, cette fois-ci dans la perspective d'une victoire finale.

Le patron du Tour donne et prend. Lambot, de Florennes, remporte la victoire au classement général. Il gagne 6 000 francs. C'est peu pour tant de sacrifices et de dépenses personnelles. Thys force le trait sur le scoop du maillot jaune. Il témoigne auprès d'un journaliste français que Desgrange a voulu marquer deux fois avec la même idée. Philippe aurait également été approché lors du tour 1913 ou 14 pour porter un maillot de leader flashy. Il ne sait pas très bien qui l'a approché, mais il se souvient avoir fait un clin d'œil en disant qu'il avait fallu le persuader à tel point qu'on lui avait offert de l'argent pour les finales. Le leader de la classe de l'époque ne considérait pas non plus la reconnaissance du maillot jaune comme un avantage. Néanmoins, aux mains du patron du Tour ou de Baugé, il revêt une tunique dorée. Le maillot est tellement sale et souillé en cours de route qu'il est définitivement laissé dans un panier à linge à l'étape suivante. Flup se souvient également que la bonne taille a été trouvée dans un magasin à Genève, mais que la fermeture en haut était trop serrée et qu'elle a été transformée en une sorte de décolleté de grande dame à l'aide de ciseaux.

Nous pouvons rapidement nous mettre d'accord sur l'or ou le jaune. Le jaune au Moyen-Âge était une couleur bon marché sans standing, facile à fabriquer contrairement au rouge et au bleu nobles. Après brossage, le jaune devient inexplicablement rapidement brun. Les champs de fleurs de Van Gogh en savent quelque chose. Des chiffons usés sans perspective nouvelle le sont devenus au fil des années d'oxydation. L'or est plus solide. Un objet qui veut briller doit contenir des fils d'or. Les maillots de leader des tours de Suisse et d'Espagne étaient officiellement en or, et non en jaune. S'il existait un maillot de leader avant la Première Guerre mondiale, Desgrange n'y est sans doute pas pour grand-chose. Le lien évident avec la couleur du papier sur lequel est imprimé le journal organisateur n'a été prouvé que pour le rose de la Gazzetta dello Sport.

Le patron du Tour n'est pas un homme de distinction et de couleur. Il préfère que tout le monde parte avec le même maillot, le même vélo, le même nombre de pneus de rechange et le même débit d'eau pour la route. Tout est pareil et c'est l'athlète en difficulté qui fera la différence. Les réflexions de Desgrange sur le jaune en 1919 sont peut-être purement motivées par la gravité de la situation et la nécessité de sortir de la crise. Les archives de L'Auto sont perdues pendant la Seconde Guerre mondiale et aucun journal ne mentionne le maillot unique de leader à l'époque de Thys. Pourtant, le triple vainqueur est connu pour son sérieux et donne beaucoup de détails, mais aussi des indications fausses et contradictoires. Avec des types qui veulent toujours gagner, il faut être prudent. Le cas échéant, ils veulent aussi porter le seul premier maillot jaune. En 1920, peut-on lire officiellement, un problème s'est produit lors de la commande et de la fabrication des maillots. Le leader Philippe n'obtient donc son premier maillot jaune qu'à Nice.

Tient-il à remettre le maillot dans sa deuxième ville natale ? En tout cas, il n'obtient qu'une chemise Lacoste. Le pull d'été doit servir de palliatif. Les collants ne sont toujours pas disponibles après la neuvième course. Cela en dit long sur la façon dont Desgrange est plus enclin à s'en moquer qu'à s'en préoccuper. Nouveauté nécessaire en 1919, le maillot n'attire guère l'attention un an plus tard. Personne ne se préoccupe d'avoir ce symbole de statut à portée de main. Ce n'est pas ainsi que nous connaissons la direction du Tour, car si nécessaire, elle fera venir un détachement par avion.

Thys se trompe-t-il lorsqu'il parle d'acheter à Genève ? Nice est-il le lieu du shopping ? Ou bien a-t-il effectivement porté un maillot d'or en 1913 ou en 14, mais plutôt pour se faire de la publicité, l'empereur romain Cipollini ayant pris de l'avance ? Thys était évidemment en tête du classement à l'époque, mais l'un n'a peut-être rien à voir avec l'autre. Personne ne peut encore déterminer les faits exacts. Ou bien Thys a-t-il voulu faire une farce à la presse, qui écrit n'importe quoi dès lors qu'il y a une odeur de scoop ? Baugé, en particulier, est dans une période jaune à cette époque. C'est lui, qui peint en jaune les motos de course de Peugeot et fait broder une large bande jaune sur les maillots bleu terne, qui est à l'origine des faits ? Le gourou est l'oreille quotidienne de Desgrange et peut lui donner des conseils. S'il y a quelqu'un à qui l'on vend quelque chose à la direction, c'est bien Baugé. Est-il en train d'épuiser son propre rêve ? Faire déambuler le leader de Peugeot sur un vélo jaune avec un maillot jaune, est-ce son triomphe d'enfant ? L'introduction du jaune à côté du bleu classique dans le logo Peugeot a tout à voir avec la volonté de visibilité. Pour une entreprise qui veut être reconnaissable sur les routes du Tour, la couleur est primordiale. Pour un directeur sportif toujours à chaud derrière le groupe dans la poussière, la reconnaissance est tout aussi importante.

Les techniques publicitaires ont toujours captivé la marque du lion et le jaune et le rouge ont toujours combattu les vols en tant que couleurs d'attention, jusqu'aux poteaux de nos feux de circulation. Le monde de la sécurité a depuis réglé la question, en donnant la priorité au jaune-noir sur le rouge-blanc. N'est-ce pas Peugeot qui, dans les années 1930, s'est trouvé confronté à ce dilemme chromatique ? Ils ont temporairement remplacé la laine jaune du maillot par du rouge. Lorsque les images en noir et blanc ont amené les premières émissions de télévision en direct dans les salons, Peugeot a été une fois de plus le premier à sortir de l'image avec le légendaire maillot à damier.

Thys remportera l'étape de Metz en 1920, où le vrai maillot est enfin prêt. Par conséquent, le triple vainqueur du Tour n'a roulé avec un maillot jaune officiel que deux jours : vers Dunkerque et vers Paris, en 1920. Une maigre récolte pour quelqu'un qui a été en tête tant de fois. Il serait viril qu'il veuille ajouter une nouvelle étape oubliée.

PHILIPPE THYS.
Vainqueur du troisième tour de France cycliste.

1919

Landru

L'excentrique Philippe reviendra sur le Tour en 1920, surtout pour faire la nique à tout le monde. Desgrange est le premier à être informé de ces projets. Thys lui écrit une lettre sèche au cours de l'hiver 1920, après les nouvelles allégations de L'Auto. La prédiction de se rendre à Paris sous couverture est prophétiquement claire.

Le patron du Tour reste suffisamment sportif pour réhabiliter et apprécier le Bruxellois, à condition que ce ne soit pas en public. Les Belges ont envahi son giron avec suffisamment d'insistance. Permissif et souple, Desgrange ne le sera plus jamais. Ces notions lui ont été déconseillées durant toute sa jeunesse. Il appartient à la génération qui offre son dos à la bastonnade, fidèle aux figures d'autorité. L'autorité doit être appliquée et est la seule bouée de sauvetage à laquelle la société peut s'accrocher. Les historiens affirment que les coutumes tenaces d'une époque statique ne sont abandonnées qu'après la Première Guerre mondiale et le début du XXe siècle. Le fait d'arriver à des conclusions n'est pas nécessairement synonyme de flexibilité et de volonté de changement. Le demi-aristocrate qui conduit le tour a son éducation contre lui.

Le tueur en série Henri-Désiré Landru a été arrêté. Le barbu paiera comme personne pour avoir assassiné, démembré et rôti pas moins de dix femmes. La guillotine est déballée, aiguisée et graissée. Le système étatique respire encore le pouvoir. Mais un nouvel ordre est en gestation. Les idées travaillistes et nationalistes font l'objet de discours d'encouragement. Les graines d'une société différente ont été semées,

◀ Philippe Thys remporte une étape du Tour de France 1920.

elles germent et le désherbage est une tâche désespérée. Les "Camicie Nere" de Mussolini marchent sur Rome tandis que Flup donne corps à sa parole et part de Milan pour franchir le premier obstacle à la résurrection annoncée. Ce 25 mars, dans la lointaine Italie, les choses vont stupidement mal tourner. Sur un stupide pont de bois, sur un sentier de montagne étroit, les choses se bousculent et guident son épaule vers la pierre angulaire d'un mur, au-dessus d'un ruscello. Pats. L'os de la clé cède et Thys trébuche sur la première pierre de sa troisième victoire dans le Tour. Forfait pour Roubaix et Tours.

Un coup de chance. Le Tour est encore loin. Philippe se promène comme un fou en avril pour garder la forme. Dans Bordeaux-Paris, il se rend au contrôle d'Amboise. Au pied du pittoresque château sur la Loire, il y a 363 kilomètres au compteur. Avec Dejonghe, il sort du parcours et entre directement dans un restaurant. Le Tour de Belgique n'est pas au programme. Philippe vient au départ de Tervuren pour souhaiter bonne chance à son frère, puis il se rend lui-même à Namur. Il veut faire beaucoup de longues journées d'entraînement et être bon à Paris-Bruxelles.

Lorsque la capitale classique est neutralisée pendant 15 minutes au poste frontière d'Agimont, Flup est encore frais et dispos. L'attaque des collines ne pose aucun problème. A Namur, le groupe se disloque et sur la montagne du Tombeek - où Charles Quint distribue chaque année des pièces d'argent - ils sont encore six. Mottiat n'a pas de chance, mais il revient entre les voitures à la vitesse de l'éclair. Il est candidat à la victoire. De Waal n'arrive pas à le mettre à l'abri. Pélissier le fait. Henri se place dans la roue arrière droite et ne lâche plus cette position. Dans le palais des sports, le Français fait preuve de métier. Mottiat sent que ça ne va pas marcher et attrape son attaquant par le bras pour arriver quand même en tête, plus par réflexe que par méchanceté. Vermandel prend la troisième place. Vient ensuite Thys, qui passe un examen de passage.

Mottiat peut prendre sa revanche lors de l'étape d'ouverture du Tour entre Paris et Le Havre. Il est plus rapide au sprint que ses compagnons Rossius, Thys, Goethals et Masson. Flup est à la hauteur et met les autres concurrents à 15 minutes déjà.

▲ Thys en tête du Mont Angel, suivi d'Aymo.

▲ Scieur suivi de Masson au sommet du Toumalet.

▲ Thys remporte le sprint vallonné de Nice.

▲ Thys passe doit esquiver un spectateur imprudent au point de contrôle de Praches lors de la septième étape vers Perpignan.

▲ Eugène Christophe se rafraîchit, entouré de curieux.

Pour compléter la joute psychologique, il remporte le lendemain le sprint de masse à Cherbourg. Ce n'était pas prévu au départ, jusqu'à ce que l'arrogant Henri proclame qu'il vaut mieux chercher une belle demoiselle dans le port pour l'acclamer. Sans beauté féminine exceptionnelle, il ne montera pas sur scène. Thys laisse généralement le vantard s'exprimer, mais il arrive qu'il devienne trop puissant pour lui. L'imbécile hautain a besoin d'une leçon de temps en temps.

Lors de la troisième étape entre Cherbourg et Brest, Pélissier résiste et remporte le sprint devant Masson, Christophe et Thys. Philippe, lui, est maître de la situation. Il se sent capable de les distancer tous. Le lendemain, lors de l'étape entre Brest et les Sables d'Olonne, Pélissier relance le défi. Philippe reste calmement sur ses gardes. Le fil de fer a beaucoup piqué cette année. Mais il monte aussi en puissance et donne un véritable coup de pied dans le beurre. Donner une fessée à Henri, toujours confiant, à Olonne serait amusant. Le linkeball joue la carte de l'intelligence dans le sprint. Philippe doit freiner et n'est pas en mesure d'attaquer le Français. Il ne peut pas se permettre de prendre des risques. Après tout, le Tour n'est pas un jeu.

Dans la cinquième étape, c'est au tour de Lambot. Il remporte le sprint devant Thys et le grand groupe. Philippe a tout le monde assis comme des gnomes dans la poche de son maillot de course. Personne ne peut lui faire de mal. Sera-t-il capable de se détacher de ses adversaires ? Ce serait un bonheur de le savoir, mais ce n'est pas encore à l'ordre du jour. La patience est une vertu. Les cinq premières étapes se terminent par un sprint massif. Desgrange déteste cela. Il veut voir les coureurs s'accroupir individuellement. Est-ce une fable que le rêve d'Henri était un Tour où un seul coureur atteindrait la ligne d'arrivée ? Pélissier, honorable mauvais caractère hors catégorie, a déjà abandonné le Tour après avoir été condamné à une amende pour avoir jeté un tube cassé. Ce faisant, il met une fois de plus en évidence le côté inhumain du directeur. Thys n'a pas attendu un an plus tôt un banal incident de chambre à air pour sortir de la scène de l'autorité insubstantielle. Il ne se déchaîne pas en public comme Pélissier. Mais beaucoup plus subtilement, il fait la même chose.

Une visite à l'ami Christophe, qui lutte depuis plusieurs jours contre une infection rénale, est raisonnable. Le vétéran ne peut garder le lit la nuit à cause de la douleur. Cri-cri est épuisé et capitule dans les Pyrénées, où Lambot déballe à nouveau dans la sixième étape, de Bayonne à Luchon. L'évolution du rite d'escalade du Wallon

◀ Philippe Thys solitaire lors de l'ascension d'un col pyrénéen.

est difficile à suivre. Il est le roi de la montagne de son temps, descendant comme une pierre. Firmin a perdu beaucoup de temps dans les premières étapes. Il a une heure de retard et n'est plus une menace. Philippe descend prudemment et arrive deuxième à deux minutes et quelques. Heusghem, Scieur et Masson ne s'approchent pas et les Français n'apparaissent pas dans la pièce.

En direction de Perpignan, ils ont cinq points d'avance. Rossius remporte le sprint devant Thys, Scieur, Lambot et les autres. Masson reste derrière, jusqu'à ce qu'il s'avère qu'il a été envoyé dans la mauvaise direction par un commissaire et qu'il fait le tour de villages où il n'a pas besoin d'être. Emile retrouve l'heure perdue. Desgrange a la preuve que Thys fait don de manèges en échange de la tranquillité et prend le Belge lourdement à partie. Philippe avoue avoir été assez impressionné : J'ai été appelé à la poste, qui servait de bureau au patron du Tour et où aucune conversation n'était possible avec Desgrange sorti, seulement un devoir d'écoute. Il s'est fait rouler dans la farine et m'a fait comprendre qu'en sport, le meilleur doit toujours gagner et que le contraire est antisportif. Plus grave, il m'a menacé de m'exclure sur la base du règlement. S'il commençait à parler de règlement, il valait mieux être attentif. Enfin, le dixit Thys a suivi avec la formule de courtoisie classiquement correcte : Vous pouvez y aller Monsieur et n'ignorez pas le verdict ou je vous expulse de mon cours. Philippe choisit la voie de la sécurité et se vit percer le nez avec des liards de lires. Tant pis. Les Italiens arrivent rarement au Tour en pleine forme, mais ils ont à cœur de gagner une étape. Pour cela, ils s'appuient sur des bienfaiteurs farfelus. Ceux-ci offrent des sommes exubérantes, parfois trop élevées pour être acceptées sans pudeur.

Lors de la huitième étape entre Perpignan et Aix-en-Provence, les frères Heusghem sortent de leur trou. Ils montent ensemble une offensive. Thys n'entre pas dans le duel. Il ne veut pas se laisser écraser par le lien du sang. L'aîné Louis est autorisé à partir. Hector est beaucoup plus petit dans le classement.

Avec la ligne de la neuvième étape à Nice, la pesée des cadeaux est brièvement interrompue. Lambot veut s'enfuir, mais Thys le poursuit avec Scieur, laissant les deux amis dans la descente vers Menton. Vandaele effectue une nouvelle remontée brillante, mais plie dans le final. L'étape se termine pour la première fois sur le vélodrome. Sous l'arche d'entrée en béton du Chemin de la Madeleine, Flup se retourne une fois de plus pro forma et s'élance triomphalement sur la piste. Hector gagne une demi-heure sur son pantalon et prend la deuxième place du classement à

une heure de Thys. Firmin Lambot suit en troisième position, 20 minutes plus loin. Les journaux du matin sont formels : Thys, vainqueur, compte une heure d' avance sur ses adversaires.

Desgrange émerge lors de la journée de repos avec une chemise jaune temporaire. Les vrais maillots de leader ne sont pas livrés et le patron du Tour cache cette faille dans l'organisation, insistant sur le fait que personne ne mérite le maillot. Le tour 1920 ne parvient pas à captiver et est verrouillé. Thys règne en maître. Personne ne peut rien faire en retour et tous les jours, quand il veut, où il veut, Philippe fait honte à tout le monde. Un effort réservé et sec produit à chaque fois un peu plus d'avance. L'agonie de ses adversaires n'est pas terminée. Un soleil de plomb les accompagne dans leur tour de France. L'homme le plus en forme est celui qui souffre le moins. Hector gagne l'étape de Nice à Grenoble, mais le jaune est la couleur dominante qui lui pique le dos. Peut-être pourront-ils donner du fil à retordre à Philippe lors de la prochaine étape, par le Galibier, jusqu'à Gex ?

Scieur, Lambot et les frères Heusghem prennent un ou deux tours d'avance. Cela devient plusieurs minutes après le sommet. Thys leur laisse le champ libre. Ils peuvent se battre entre eux, tandis qu'il slalome à sa guise dans la descente. En l'absence d'affairistes nerveux, c'est ce qu'il y a de mieux et il reste à se méfier des fosses et des chèvres. Scieur brille dans la vallée. Le vainqueur de l'étape et ses compagnons ne reçoivent pas de félicitations de la part du patron du Tour, seulement un reproche lointain. Ils n'ont pas vraiment attaqué Thys.

Lors de la 12e étape entre Gex et Strasbourg, les mêmes noms s'imposent. Philippe se prépare à un sprint nerveux sur la piste cyclable. Il pourrait bien y avoir des moments de plaisir pour lui. Le rapide Rossius se montre menaçant, mais ne parvient

▲ Thys remporte le sprint du peloton de sprinteurs à Strasbourg.

pas à s'imposer. En gagnant avec une facilité déconcertante, Thys obtiendra le nom d'une rue (devenue une piste cyclable) menant à l'ancienne maternité Sainte-Anne.

Jusqu'à quel point peut-on être suprême sans mécontenter tout le monde de façon permanente. C'est un art de vivre que peu de sportifs maîtrisent. Sans trembler, le futur homme en jaune remporte une nouvelle fois le sprint collectif à Metz. C'est dire si tous ses adversaires sont fatigués et si Desgrange continue à suivre de près l'issue sportive de chaque course. Thys veut partager, mais pointe à chaque fois en direction du chef des commissaires.

Dans l'avant-dernière étape entre Metz et Dunkerque, Philippe, trop confiant, n'a pas compté sur la remontée du Nordiste Goethals, pourtant bien parti pour rejoindre sa plage natale. A moins qu'ils n'aient trompé le patron du Tour sur le plan professionnel ce jour-là ? Goethals gagne devant les siens. Philippe a-t-il eu de l'argent ? Même si Desgrange avait déjà des soupçons, il était maintenant trop tard pour punir le Belge et, surtout, pour contester la sincérité d'une rare victoire d'étape française.

Trop c'est trop. L'Auto ne fait plus recette et le patron du Tour décide de laisser tranquillement sa manche s'éteindre. L'accord final à Paris peut-il encore donner un vainqueur surprise ? Rossius - qui se souvient de Strasbourg - affronte Thys devant des tribunes parisiennes pleines à craquer. La déshumanisation du vainqueur final est ainsi stoppée juste à temps. Le meilleur a gagné : avec près d'une heure de bonus sur Heusghem. Même si le vainqueur réalise l'une des plus faibles moyennes de tous les temps, la presse parle d'un grand champion : un valleureux qui balaie le record de Petit-Breton d'un claquement de doigts. Quatre victoires d'étape, coleader

▲ A Nice, Thys s'impose devant Heusghem. Il remporte quatre étapes dans ce Tour de France, cela aurait même pu être 11....

▲A Briançon, il a battu Thys Sellier d'une longueur de roue.

▲ Thys lors l'ascension d'un col parsemé de blocs rocheux.

le deuxième jour et aucun classement journalier en dehors des cinq premiers. Cela pourrait suffire. Mais certains journaux parisiens parlent encore de : Thys roi des veinards. Sa conduite de mauvais goût ne plaît pas à l'ancien monde du cyclisme. Philippe ne s'en soucie plus. Ou bien cela l'affecte-t-il intérieurement ?

Lors de l'interview classique après sa troisième victoire au classement général, Thys sera très clair au micro sur le Tour et son patron. Devant un Parc bien rempli, il profitera courageusement de la sonorisation coupante pour annoncer : si Desgrange ne fait rien contre ses règlements inhumains, il ne reviendra pas.

En 1920, les Belges remportent pas moins de 11 des 15 courses et occupent sept premières places au classement. Les Français sont ridiculisés. Barthélemy n'ose pas abandonner malgré une épaule cassée et un œil enflammé. Il suit à la huitième place, à près de six heures.

Si ma troisième victoire m'a rapproché du statut de super champion, c'est plus à Paris et en France qu'en Belgique, dira souvent le Bruxellois. Il ne peut en être autrement. Thys respectera toujours Anderlecht comme sa patrie, mais il n'est pas planté dans l'argile comme les fils de paysans flamands au milieu de la cour de leur village. Flup est un citadin qui, dès son plus jeune âge, navigue sans nostalgie sur les eaux troubles de la Senne, toujours à la recherche d'un meilleur environnement et d'une meilleure pratique. Il n'est donc pas possible de lier les fervents partisans locaux et de libérer les chroniqueurs judiciaires particularistes du journal.

▲ Thys en tête du groupe de poursuivants dans la dernière étape vers Paris.

▲ Rossius a remporté le sprint de la dernière étape à Paris, suivi par Philippe Thys d'une longueur de vélo.

Le fait que les succès de Philippe ne soient pas traduits émotionnellement dans les journaux et ne suscitent pas suffisamment d'enthousiasme et d'extase parmi la population est la conséquence logique du fait qu'il a trop de vie et de roue. Une fête exubérante à Bruxelles est du déjà vu. Dans la communauté d'origine, ils trouvent quelque chose à faire avec cela. Le stade municipal et le parc - en service depuis 1917 - sont enfin terminés. En apothéose d'une fête de trois jours avec des compétitions sportives, des exhibitions de gymnastique et de la musique, le vainqueur du Tour passera en fin d'après-midi. Nonkel Joseph, directeur de la fête au Sporting, a tout prévu à la perfection. Le prince Léopold presse la main de Thys. La nouvelle

▲ Thys en tête du peloton devant Léon Scieur, lors de la montée de van Poix dans la dernière étape vers Paris.

▲ Philippe Thys à l'arrivée du Tour de France 1920.

tribune violette et blanche supporte parfaitement la pression d'une première ovation.

Henry George remporte l'or au 50 kilomètres quelques jours plus tard, devant des tribunes vides, sur la piste cycliste du City Garden. Les Anversois préfèrent faire la fête au centre-ville. La semaine Ommeganck ne cède en rien à la lenteur des Jeux olympiques. Thys, quant à lui, est encore encensé par Brussels Sportive avec une sculpture de Zoete et une longue liste d'accolades tout aussi interminables. Par la suite, Van Hevel et lui ne tarderont pas à se rendre en Italie. Se défouler et rouler en Lombardie en novembre. Les poussées et les tiraillements assombrissent l'atmosphère dans la botte. Les milices de Mussolini s'attaquent aux villages du nord. La guerre civile menace et il vaut mieux rester à Paris. Flup monte à la Toussaint à Grenelle et plus tard à Tours. Le Giro di Lombardia, où ils auraient aimé le voir revenir, sera pour l'année prochaine.

074. Anderlecht l'Inauguration du Stade.
S. R. Le Prince Léopold félicite Ph. Thys le
vainqueur du Tour de France aye 1920. I.R.B.

PRIJS : Fr. 0.60

BEHEER
N OPSTELRAAD

Werkplaatsenstraat, 3
BRUSSEL

Telefoon
BRUSSEL 149.41

GEILLUSTREERDE SPORTWERELD

ABONNEMENT
BELGIE :
3 maand . . fr.
6 . . . .
12 . . . .
FRANKRIJK
3 maand . . fr.
6 . . . .
12 . . . .
HOLLAND
3 maand . gul.
6 . . . .
12 . . . .
Men schrijft in op s

EERSTE JAAR -- N° 9 === VERSCHIJNT OM DE 10 DAGEN === 28ste MEI 1921

BORDEAUX-PARIJS

De overwinnaar Eugeen Christophe, gekiekt na het afstappen.   In medaljon, Filiep Thys, de zedelijke overwinnaar.

1919

Philippe hier et aujourd'hui

Une année n'est pas l'autre. Philippe d'aujourd'hui a lui aussi dû transpirer. Les spéculations vont alors bon train, à propos de la déconcentration et d'une volonté hivernale insuffisante. En effet, il s'agit souvent de partir plus tard, de remplir un peu plus d'engagements ou tout simplement de profiter d'une série de victoires unique. La loi du puzzle cycliste est implacable : ceux qui partent moins forts ne peuvent pas trouver la bonne pièce du puzzle dès le départ et ne parviennent jamais à poser l'histoire à la perfection. Les chances que la malchance vienne perturber un coureur en mouvement sont tellement inexistantes qu'un accident n'arrive jamais seul lorsque les choses sont un peu moins faciles.

Dès lors, Philippe se comporte de manière identique. Le derby de Pâques (Paris-Roubaix a longtemps eu lieu le dimanche de Pâques) 1921 arrive tôt, sous un ciel clair et un vent glacial. Tout roule jusqu'au berg van Doullens. Aujourd'hui, cette bosse est une dépression oubliée dans le paysage. Plus tard, la classique devra perdre de la distance et chercher des pavés pour conserver son nom. Le parcours sera dévié vers Cambrai. Thys est victime d'une crevaison sur le faux plat de Beauval et n'arrive pas à rejoindre les gros bras le long de la longue ligne d'arbres qui mène au sommet de Doullens. Presque au sommet, les arbres s'arrêtent et un plateau

◀ Eugène Christophe gagne Bordeaux-Paris,

en forme d'éventail prend le relais. C'est le signal pour les Pélissiers de donner un coup d'accélérateur. Seuls Scieur et Vermandel ont des crampes. Jusqu'à ce qu'Henri place le taquet décisif à Hem, où il n'y a plus d'asphalte à côté des pavés. Francis se met dans les roues. Les doux frères deviennent un et deux dans le nouveau Stade Dubrulle. Thys a une part de doute et manque de peu de s'élancer.

Girardengo, Brunero, Azzini et d'autres lui procurent la même sensation désagréable une semaine plus tard. Dans la station de congrès de Sanremo, Flup rembobine le film de la course dans sa chambre d'hôtel. Il gratte sur le Turchino, capitule le long de la côte quand Girardengo s'évapore et, sur le Capi, voit l'aîné des Pélissiers, tout en paupières, s'éloigner de lui. Il n'y a plus de puissance et de punch pour faire le parcours avec lui. Perdre 17 minutes, c'est beaucoup trop. C'est stérile. Un coureur sait de lui-même si une dixième place au printemps est une question de condition physique de base ou d'affûtage supplémentaire.

Milan-Turin n'est pas différent : il ratisse sans cesse pour éviter de s'éteindre. Peut-on faire mieux ? Dans Bordeaux-Paris, Thys devrait pouvoir donner un signe de vie. Les conditions sont meilleures. Parti sous une pluie battante, le petit peloton découragé ne peut que recouvrir un manteau pour la première fois au matin. Les dos de Pélissier, Mottiat, Christophe, Rossius, Deman et Heusghem poussent devant Flup. A Angerville, ils ont franchi les 500 km. Lorsque la Chartreuse est doucement poussée sous les roues mouillées, Christophe est largement en tête. Alavoine et Thys s'accrochent à leurs chariots.

Deman et Heusghem donnent le mauvais exemple et montent à Dourdan dans le train qui amène les pigeons. Tous les toppers disparaissent secrètement du parcours noyé. Philippe aurait fait de même en temps normal. Maintenant, il faut qu'il morde à l'hameçon pour savoir ce qu'il en est. Quand Christophe crève, Thys sent sa chance. Maintenant, il va vite sentir ce qu'il lui reste dans le réservoir. Alavoine n'arrive pas à suivre. L'avance augmente. Il est hors de vue : un coup de pouce dans ce décor sinueux de château. C'est prometteur. Jusqu'à ce que, dans une légère descente, il y ait un incident de manche avec le meneur Anseeuw. Ils surcorrigent, perdent l'équilibre et heurtent violemment la chaussée. A ce moment-là, la course de distance se dispute avec des "pacers" vivants : des pédaleurs qui ont le statut de mercenaires et qui gardent le leader inscrit à l'abri du vent et sont autorisés à reprendre n'importe où.

▲ En 1921, Léon Scieur est entré dans l'histoire du Tour à vélo.

Le pisteur enrôlé et beau-frère des frères Buysse a vraiment le cœur sur la main. Si le bras ne peut dépasser la hauteur de la cuisse et que la douleur monte au cou, il n'y a pas à hésiter. Heureusement, l'os de la clé ne joue pas à ce niveau. Anseeuw tire encore plus fort, mais en vain. Christophe sent la victoire. Après Alavoine, le malchanceux franchit la ligne en troisième position. Les soixante derniers kilomètres ont été particulièrement pénibles. A 22 heures, Paul Coppens suit, quatre heures après le courageux vainqueur et hors du temps.

Dans un hôpital parisien, le Bruxellois sait déjà l'heure qu'il est. La clavicule est cassée. Il est encore impossible de participer au Tour. Thys va faire semblant : commencer à savoir que c'est une mesure de rien du tout. En juin, il ne pourra plus pédaler correctement. Le championnat de Belgique sur le circuit sinueux de L'Argentine - après la petite rivière - à La Hulpe est une course irritante. Faire 35 tours ne convient pas à Thys et une chute gâcherait tout. Il déclare forfait. Les vrais coureurs par étapes ont le réflexe inextinguible d'éliminer tout risque en vue de cette seule course. C'est de l'autisme de Tour.

Jouer au poker avec de mauvaises cartes et espérer que les entrées à plat se déroulent tranquillement, c'est tout ce que Philippe peut faire. Il lui faut beaucoup d'efforts pour y croire. A peine sorti de Paris, Thys commence à accélérer. Encore une fois, le réflexe de l'homme rond : semer le doute contre son gré. Lorsque Masson ouvre les vrais débats à Dieppe, il titille sans pitié tous ceux qui jouent à cache-cache. Ce sera bientôt fini quand les routes de bric-à-brac poussiéreuses et familières arriveront au Havre.

Pour Mottiat, ces pistes de gravier mouvantes sont le signal de la finale. Le vainqueur sortant n'est pas assez bon et, en plus, beaucoup trop prudent. Thys est à l'étroit sur son vélo, encore plus bosselé et anxieux que d'habitude. L'horloge du port égrène les 45 minutes. Flup dépasse la ligne d'arrivée et s'agrippe à la barrière en bois. Avant que quiconque n'ait eu le temps de demander quoi que ce soit, il déclare froidement : nous rentrons à la maison. Ce sera une manche ouverte, complètement différente de celle de 1920. Rossius, Masson et Heusghem doivent également abandonner rapidement. Scieur prend inopinément la tête. Le bonk de Florennes n'a pas son physique et n'a appris à pédaler qu'à l'âge adulte. Avec le gabarit d'un forestier, des pelles à la main et une tête rude, il est difficile de respirer l'ingéniosité et le savoir-vivre. Pourtant, Scieur à côté du vélo est un homme prévenant, doté d'une grande soif de littérature et d'un accent français que l'Académie française ne pourra pas améliorer sur lui. A la tête de cette famille cultivée, qui achète à la fin de la guerre une grande maison de village ardennaise avec garage-atelier, se trouve une dame sûre d'elle, d'une livre de plus. Doucement, elle se place juste derrière son mari-chauffeur. Léon n'a pas de dons exceptionnels. Heusghem est plus puissant, Lambot - qui en a fait un coureur professionnel - meilleur grimpeur, Thys plus voltigeur. Mais Scieur n'abandonne jamais, reste toujours près d'eux, dans tous les domaines, la tête plus forte que les jambes. Thys et lui sont copains. Le Bruxellois descend régulièrement à la Famenne, à la recherche de terrains d'entraînement adéquats. Chez les Scieur, il y a toujours une assiette et un lit. Flup y a même élu domicile pour un temps. Lambot - l'autre villageois du petit Florennes - s'est réfugié en Flandre après avoir fait escale à Charleroi. Lui aussi trouvera un refuge sûr contre les bombes volantes anversoises pendant la Seconde Guerre mondiale à l'hospitalier Léon.

Avec Scieur en jaune et de faibles écarts, de nombreux rivaux gardent confiance en la victoire finale. A Long Leon, personne ne voit un vainqueur du Tour. A Anderlecht, par contre, on croise les doigts pour un bon ami. Sur la route de Nice, Scieur donne une tape supplémentaire à Heusghem, son plus proche rival. Ce dernier espère alors

▲ Jacquinot, Bellanger, Thys, Rossius et Vermandel ouvrent les débats de Paris-Lyon.

▲ A Chalon-sur-Saône, Thys part en tête.

▲ Rossius et Thys ont rapidement pris la tête.

un retournement de situation dans les Alpes, mais n'y parvient pas. Même pour l'ardennais au grand cœur, le voyage en stylo jusqu'à Dunkerque manque de se solder par un échec. Pour éviter une pénalité, Scieur s'attache une roue cassée sur le dos. Il doit pouvoir la montrer à l'arrivée. A l'arrivée, l'axe de la roue se plante dans la chair bronzée du dos comme une brochette. Le tatouage unique de la roue peigne du Tour reste la preuve à vie de sa persévérance. Avec un Parc en liesse devant lui, la blessure n'est pas plus grave qu'une grosse piqûre de moustique. Le garagiste s'en sort.

Philippe Thys bat Vermandel au sprint du Critérium des Cendres 1921. ▶

Pour Thys, il ne reste plus qu'à construire habilement, pour déballer à nouveau à l'automne. Le nouveau venu Paris-Lyon, richement doté, est une opportunité à saisir. Dans le quartier parisien de Villejuif, 15 duos s'élancent début septembre et peuvent effectuer leur parcours en toute liberté. A l'arrivée, les temps des coéquipiers sont additionnés. C'est quelque chose de différent. C'est tout à fait dans les cordes de Thys, qui part avec Rossius. Vermandel fait le grand écart à Dijon, mais devance d'à peine trois secondes Thys-Rossius, ce soir-là, avec Lenaers. Plus les écarts sont faibles, plus les yeux du Bruxellois brillent. Vermandel est également le plus fort vers Lyon, mais Rossius colle habilement à sa roue. Thys se place devant l'inexpérimenté Lenaers. La victoire finale est acquise.

Avec cette belle victoire en poche, Flup est au centre des vedettes au départ du Tour de Longchamps. Cette prestigieuse épreuve de 100 kilomètres a vu le jour en

1885 et restera le Critérium des Cendres. Les meilleurs aiment s'y mettre à plat en automne. La course elle-même est plus importante pour la collation au banquet qui suit que pour l'histoire ponctuelle du cyclisme. Le programme préliminaire comprend des courses de patins à roulettes et de chiens. Des artistes parisiens participent à une épreuve pour gentlemen. La fête à Longchamps (également un hippodrome) ressemble beaucoup à celle de Waregem Koerse. Ceux qui ont l'occasion d'y assister ou d'y faire un tour font partie des plus chanceux. Vermandel est déjà le mieux placé sur le circuit de trois kilomètres sans virage. Egg a l'intention de suivre. Puis viennent Pélissiers, Brocco et Thys. A la demi-heure, ils sont déjà à 24 km. Brocco doit partir, tandis qu'Aerts effectue une remontée intelligente. Le sprint final approche. Thys est pris en tenaille par les frères de gauche. Le rythme s'essouffle. Philippe s'accroche. Il y a de nombreuses chances qu'il soit touché. Vermandel apporte un soulagement. Il rejoint l'échapée et prépare le sprint par surprise. Thys voit

▼ Philippe Thys bénéficie d'une attention toute particulière après sa victoire à Lonchamps....

clair dans le plan. Il l'attendait et se glisse dans le sillage. Sur la ligne, il peut battre le diablement fort René. 100 bornes et 2h 22. Le Philippe d'antan n'est pas les mains vides en cette fin d'année 1921. A Doullers et à Sanremo, il pensait peut-être encore au Tour, mais avec certitude, il pensait déjà à Lyon et à Longchamps. Philippe d'aujourd'hui a fait de même lorsqu'il a été contraint de mettre les roues dans un contre-la-montre par équipe naissant. Il attend toujours avec impatience la semaine ardennaise, mais il sait que cela doit se passer dans la Vuelta et sur le Cauberg.

Thys, Buyze et Pélissier rouvrent le vélodrome d'hiver de Bruxelles. Flup se dirige ensuite vers le sud en toute hâte. En l'absence de printemps et de Tour dans les jambes, il peut poursuivre dans Milan-Modène et le Giro di Lombardia. Sur la piste de Milan, Thys et le nouveau venu Reboul - vainqueur de Paris-Bruxelles au printemps - sont les plus rapides. La course vers la station balsamique est un échauffement pour la classique d'automne. Thys prouvera une fois de plus qu'il peut aussi gagner avec élégance, sans se pavaner sur la ligne d'arrivée. Il ne franchit pas la ligne d'arrivée à Milan et s'écroule beaucoup plus tôt qu'en 1917. Les blocs de calcaire des Alpi Bergamasche ont raison de ses jambes. Le masseur Panosetti a une semaine pour le remettre en forme. Thys-Linart effectuent un parcours de trois heures en couple sur la piste de Marseille. La réunion est un échec sur toute la ligne car les officiels ne sont pas au point et passent tout l'après-midi sous perfusion de vin.

Et puis... Thys fait une chose à laquelle nous ne sommes pas habitués de sa part. Un autre omnium national est prévu à Nice. Van Bever est venu. Le parcours est connu de tous, jusqu'à ce que les organisateurs proposent un interlude spécial. Il semble qu'une épreuve de short stayer soit à l'ordre du jour : c'est toujours un plaisir pour le public. Pas question : c'est la première réaction de Thys. Le vieux Georget défie Philippe. Van Bever détend l'atmosphère.

Thys, prudent, essuie la sueur de son cou : un vrai pro devrait être capable de finir ça et, somme toute, ça ne peut pas être pire que de descendre un col, n'est-ce pas ? Le maniaque du contrôle tente sa chance. Quand les choses commencent à se calmer, c'est le coup de théâtre. Georget et Azzine lui échappent pendant trois tours. Dans la deuxième manche, Philippe abandonne et à la troisième tentative, il roule raide avec le frein à main. Six tours font la différence, sur à peine 10 kilomètres. Le salon du vélo de Bruxelles est terminé. La piste peut alors s'ouvrir à nouveau. Les hommes du tramway font grève. Ils sont 5 000 vélos contre la longue façade de l'avenue Bertrand.

Avec Jef Van Bever, qui diffuse abondamment l'histoire du stayer, Thys poursuit son programme d'hiver. Plusieurs représentations suivront à Paris. Après le Nouvel An, loin des journalistes et des faiseurs d'opinion, l'envie lui vient de recommencer. Ils ne sont pas encore débarrassés du triple vainqueur du Tour...

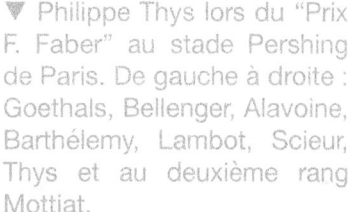

◄▲ Philippe Thys lors de la course de 6 heures dans l'Intervélodrome de Bruxelles.

▼ Philippe Thys lors du "Prix F. Faber" au stade Pershing de Paris. De gauche à droite : Goethals, Bellenger, Alavoine, Barthélemy, Lambot, Scieur, Thys et au deuxième rang Mottiat.

1922

Éclaboussures
graisse d'oie

La préparation de la manche de 1922 est un gâteau classique : beaucoup d'entraînement et peu de courses, avec l'approbation de Baugé. La mort de sa sœur n'est pas du goût de Flup. Il est encore si jeune. Que va devenir le petit Philippe ? Il ne peut pas apporter beaucoup de soutien à la maison. Le devoir l'appelle. En mars, au camp d'entraînement sudiste, il termine de manière ludique les courses d'escalade du Mont Chauve et de l'Ange et se prépare à Paris-Tours en attendant le premier grand test.

Thys a suivi le groupe en arrivant trois minutes après les bêtes de concours. Le maigre Pélissier a les muguets précoces fermement pressés dans la paume de sa main. C'est nécessaire car il a poussé au sprint son frère Françis. Puis au copain Brunier, qui peut devenir champion de France en retour. Personne ne se plaint. Les casse-cou s'en tirent déjà à bon compte. Philippe se glisse dans l'ombre. A Bordeaux-Paris, on le voit passer au kilomètre 350, puis il disparaît soudain des radars.

Le village perché de Francorchamps, accueille des messieurs du rang qui voient du pain dans un circuit automobile boisé. Proche de la célèbre ville thermale de Spa, les bolides ne manquent pas de susciter l'intérêt. Les motos occupent le circuit en 1921. Pour les voitures, il faudra attendre un an. Dans le budget promotionnel du Grand Prix, il y a aussi la mise en place des Championnats de Belgique de cyclisme. Encore une semaine avant le Tour. Les choses sérieuses commencent.

◀ Le championnat de Belgique 1922 se déroule à Spa. Thys tente de s'échapper mais il est rattrapé par l'équipe de Scieur, Beeckman et Lambot. Au sprint, Vermandel devance Thys d'une longueur de vélo. Sellier, Rossius et Scieur complètent le top 5.

Thys a secrètement donné un coup de coude au parcours. Le parcours doit lui convenir. C'est un tour avec seulement deux tâches : descendre et pousser. Malgré les nombreux altimètres, 12 arrivent en trombe sur la ligne d'arrivée. C'est surtout l'œuvre de Philippe, qui se lance à la poursuite de tout le monde dans le final, se rendant ainsi suspect. Mottiat s'élance en plein sprint et perturbe tout et tout le monde.

Vermandel gagne et Thys est à la place la plus méprisable. Arriver deuxième, c'est bien dans une course, mais jamais dans un championnat. Philippe s'était gardé de toute pression, déclarant depuis des semaines qu'il ne participerait à la tittelren que par courtoisie. C'était un mensonge. Il s'était endormi à Francorchamps, avait échafaudé un plan pour prendre le maillot et laisser les couleurs parler au départ du Tour.

Le plan échoue et atteindre Le Havre en retard n'est pas un bon départ, même si ce n'est pas trop mal par rapport aux rivaux. Rien n'est perdu. Et c'est tant mieux, car n'est-ce pas tranquillement le Tour de la dernière chance ? Avec la victoire d'étape à Olonne, le temps est repris. Philippe sourit. Le ciel s'éclaircit. La dernière victoire française sur le Tour remonte à 1911. C'est un élément à prendre en compte. Ils ont le vent en poupe cette année. Chaque victoire d'étape nationale est une immense satisfaction.

Bellenger s'impose au sprint devant Thys et Jacquinot remporte déjà sa deuxième victoire d'étape à Brest. Le vieux Christophe doit à nouveau enfiler le jaune et le long de la côte atlantique, Jean Alavoine fonce comme un frelon piqué. Au pied des montagnes, il se rapproche du leader Christophe et de Thys.

Chez Peugeot, on n'est pas très bavard en 1922. L'équipe compte des Belges employés par le Bruxellois. C'est ainsi qu'ils ont négocié. Sinon, peu d'envois sont faits. A table, tous les soirs, il y a une ambiance France et les autres qui ne trompe pas. Le chauvinisme est à portée de main. On ne sait pas de qui doit venir le tollé français. L'équipe ne compte que des sauteurs : Jacqui, Bellenger, Degy et Alavoine. Les cavaliers français de classement sont peu nombreux, peut-être Gars Jean est-il le plus éligible.

Le cultivé Jean est un sprinter impulsif au début de sa carrière. Par la suite, il s'est reconverti en bagarreur et en coureur classique. La montée reste un point sensible pour l'éloquent farceur et il n'a jamais réussi à persévérer dans le Tour. Il a un trop petit moteur, qui crachote et cale toujours dans la deuxième moitié du tour.

▲ Le peloton passe Maaseik lors du Tour de Belgique.

▲ Vinqeur Vermandel.

▲ Les coureurs se sont faufilés dans un étroit passage d'écluse à Loosen.

Alavoine est un athlète propre et un causeur par excellence, qui semble sorti des salons parisiens. Gars Jean prend toujours la parole au nom du peloton lorsqu'il s'agit de règlements et de décisions. Les formulations savantes qu'il utilise pour faire valoir son point de vue ne manquent jamais d'émouvoir Desgrange. Un débat de mots amusant au milieu du désert culturel du Tour est à son goût. Le fait que le causeur, généralement en montée, commence son histoire et s'accroche ensuite volontiers au lien du Cercueil (surnom de la voiture du directeur) laisse froid le directeur de course, par ailleurs insensible.

Les patrons de Peugeot sont sous la pression de l'opinion publique. Les Français doivent gagner. Il ne faut pas étouffer la volonté populaire cette fois-ci. La marque au lion doit penser exclusivement au marché intérieur pendant un certain temps. Ils ne veulent pas vraiment manquer à leur promesse, mais tout de même... Thys conserve son rôle libre, mais doit rester proche de Christophe. A Bayonne, il n'est plus qu'à huit minutes de Gaulois et bien devant Alavoine. Le charmant André Perchicot a beau essayer de faire sourire tout le monde lors d'une grande représentation, l'atmosphère reste tendue. Le pistier de Bayonne s'écrase en avion pendant la Première Guerre mondiale et se brise tous les bons os du corps. Il se reconvertit en chanteur et sort l'amusante Sérénade de la Pureé.

Thys passera sa vie à se cacher derrière un jour de malchance dans les Pyrénées, celui où il a fini en purée de Perchicots. Alors qu'une quatrième victoire semblait lui tendre les bras, tout a basculé. Masson père transmet à son fils Emile le récit minutieux de la légendaire étape Bayonne-Luchon du Tour 1922. Il s'agit d'informations de première main, écrites en Francs Massons, mon père et moi. L'étape froissera les journaux de pronostics et mettra Thys à l'écart d'une nouvelle victoire sur le Tour. Se pourrait-il qu'il ait lui-même contribué à gâcher ses chances d'obtenir un quatrième diplôme ce jour-là ?

La journée ne commence pas très bien. Desgrange raille les Français. Dans son éditorial, il fait la leçon à Jacquinot - qui n'a pas digéré la perte de son maillot jaune au profit de Christophe. Jacqui a inutilement attaqué Cri-Cri et a ainsi abandonné les intérêts de la patrie. La crainte que Thys n'en profite n'apparaît pas en tant que telle dans sa mise en garde. Mais le discours de rassemblement du patron du Tour porte injustement sur le Belge sans couvercle. La France, comme d'habitude, voit Thys assis sur une branche un peu cachée mais proche, comme un oiseau de proie qui regarde tranquillement autour de lui.

Une lune claire brille sur le pays des chapeaux basques. Cela signifie autant qu'une nuit froide où les coureurs ne savent pas combien de couches ils doivent mettre. C'est ce problème vestimentaire qui amènera Masson surchauffé à Thys. Quand le soleil grince, les jambières en laine s'enlèvent. Lors de ce strip-tease, les héros du Tour cycliste mettent leurs chaussures entre les dents. Au pied du col d'Osquich, Thys doit déjà changer un pneu. Au sommet, il reprend la tête et tourne même en premier dans l'Aubisque.

Après les premières pentes, il se sent soudain mal. L'estomac qui se rétrécit se met à vomir de l'acide. Bah ! Boire de l'eau, marcher debout, s'asseoir, aérer les rots... Rien n'y fait. Alavoine n'a pas attendu et est passé à l'attaque pour le troisième jour consécutif. Il sait pourquoi. C'est le moment ou jamais et la direction de Peugeot ne le sifflera pas. Thys se remet dans la roue du Christophe jaune et le laisse derrière lui. Plus haut, il paie à nouveau son effort et doit descendre de vélo.

Alavoine a franchi le sommet brumeux 12 minutes plus tôt, mais rien n'est encore perdu. Celui qui roule en jaune a tous ses coéquipiers à servir. Tant que ce n'est pas le cas, chacun a en principe sa chance. Thys doit donc désavantager suffisamment Christophe et veiller à ce qu'Alavoine ne s'éloigne pas trop. En cas d'échec, il peut s'en remettre pour l'instant au climat actuel de la Jeanne d'Arc.

▲ Lors du Tour de France 1922, Alavoine et Thys montent la côte de Poix.

Philippe fuit à nouveau dans la descente de l'Aubisque et doit se mettre au rouge sur le plat pour limiter les dégâts. A Aix-les-Thermes, il perd 20 minutes. Ce qui se passe entre les cols est peu exposé. Pourtant, ces passages sont le grand mystère de la journée. Ils le resteront, car le télégraphe est coupé dans tout le 65 (numéro du département) cet après-midi-là et les journalistes ont pris de l'avance pour commander à temps un gigot percé au romarin sauvage. Après tout, ils ne peuvent être qu'à un seul endroit à la fois et les coureurs qui méprisent la montagne mentent de toute façon le soir. Thys semble se stabiliser, mais il est à nouveau victime d'une défaillance de pneu. A Lourdes, la différence est d'une demi-heure. Un jet d'eau bénite n'y changera rien. Alavoine avance toujours. Philippe roule comme un yo-yo. Cela lui arrive rarement, mais hors contrôle, il n'est pas au mieux de sa forme. Dans l'Aspin, sa roue arrière casse. Toutes les malchances du Tour soigneusement évitées au cours d'une longue carrière lui sont-elles maintenant imposées en vrac ?

Masson et Thys arrivent au ravitaillement de Biggore 45 minutes après le leader et une demi-heure après le groupe élite avec Christophe. Il est 13h40. Ils prennent leur temps pour entrer dans un restaurant. Masson pour dîner, Philippe au ralenti surtout pour récupérer. Alors qu'ils s'apprêtent à partir, leurs coéquipiers Bellinger et Jacquinot arrivent. Thys - qui vomit encore - et Masson décident d'attendre que les Français aient mangé.

Les choses se passent bien, même si Flup doit régulièrement s'allonger sur un banc. Enfin, ils quittent tous les quatre la ville à 15 heures en direction de la forge de Campan. La procrastination n'est pas le genre de Thys. Le journal de Masson raconte que les Français quittent la ville un peu plus tard et qu'à partir de ce moment, Philippe et lui passent un après-midi amusant. Comme deux mauvais garçons, ils parcourent des montagnes désolées. Flup est parfois cyniquement exubérant, nonchalant à son goût et pas même attentif à l'état de la chaussée et aux braillements de la foule.

Sur la Peyresourde, à la suggestion d'un berger, ils vont tenter un raccourci vers le sommet. C'est une erreur. La garrigue bourdonne de taons. Les éclats de pierre roulant sous leurs pieds, les aventuriers pleins d'égratignures et de piqûres d'araignées gonflées parviennent enfin à rejoindre le droit chemin. Ils ont perdu plus de temps qu'ils n'en ont gagné. A Luchon, l'horloge tourne à plein régime trois heures après l'arrivée d'Alavoine. C'est alors que les deux flibustiers arrivent. Le Bruxellois, malade et vidé, cherche rapidement un lit où s'installer, mais n'est pas vraiment excité. Thys n'aurait-il pas pu faire mieux, ou bien a-t-il eu un déclic en cours de route et

▲ Alavoine devant Sellier et Thys dans l'ascension de l'Izoard.

▲ La légende du journal indique : "La piste n'est pas praticable en ce qui la concerne".

PHILIPPE THYS EXAMINE UN CARRÉ DE CHOUX
DANS LE JARDIN QU'IL VA BIENTOT QUITTER

s'est-il résigné à ce concours de circonstances : une mauvaise journée pour lui et un sans-faute pour son compétiteur de coéquipier ? Cela peut arriver à un athlète sous pression : craquer, jeter l'éponge et laisser les choses suivre leur cours. Pour ceux qui ne parviennent pas à comprendre les faits, le Tour Market, à l'affichage négligé, a toujours des paniers d'anecdotes et de suppositions prêtes à l'emploi : à saisir au vol.

Il y a l'histoire dans laquelle Thys, Lambot et Scieur - un triumvirat qui avait ses propres projets - sont la cible d'un persécution soutenue cette année-là. Thys empoisonné et donc si malade ? Dans une interview ultérieure, Philippe déclare qu'un employé de Peugeot racheté lui a donné une pichenette au sommet du Tourmalet. Il fait noter le voyage frivole avec Masson dans la même interview, mais situe l'histoire en 1924. Or, cette année-là, le Wallon s'est trompé de route avant la montagne.

Masson, quant à lui, fermente également dans son livre le possible empoisonnement de Thys, mais situe l'histoire en 1922. Or, cette année-là, la caravane n'a pas traversé le Tourmalet in extremis parce qu'une avalanche avait déposé des débris. L'empoisonnement était un phénomène régulier, mais il était donc aussi immédiatement invoqué par les coureurs comme cause d'indisposition. Personne n'a jamais crié au sabotage, et Thys a plus souvent souffert de problèmes gastriques soudains au cours de sa carrière. Le tableau clinique de l'étape de montagne était très similaire à celui de ses précédentes défaillances, près de Chimay et sur la Turbie. L'histoire du cadeau empoisonné a fait surface pour la première fois après Perpignan, tandis que d'autres journaux ont attribué la cause de la débâcle à la consommation excessive d'eau glacée près de Lourdes. Mais il y a un autre fait dont on n'a absolument pas parlé : un problème médical qui devait rester caché au monde extérieur en 1922. Philippe a mal aux dents après Olonne et ne ferme pas l'œil. Les médicaments n'apportent aucune amélioration et la molaire mal placée doit être extraite. Il n'y a pas de dentiste spécifique si loin de Paris. L'opération doit se faire chez un médecin généraliste. La dent laissée au pied des cols n'est nulle part considérée comme un coupable possible.

Philippe raconte : le jour du repos, il était encore allongé sur son lit, pensant abandonner, mais il a soudain eu faim le soir et a pu prendre un repas. La période est terminée. L'appétit n'aurait-il pas pu revenir un peu par la fraîcheur agréable d'un éventail de gros billets ? Le Bruxellois n'est pas souvent audacieux, mais quand il le faut, il sait transformer une incapacité temporaire en un avantage.

▲ A Metz, Philippe reçoit des pneus neufs et le journal pendant le jour de repos.

NOUVELLE SÉRIE. N° 108.
Le Numéro : 50 Centimes.
ÉTRANGER : 65 Cent.
Jeudi 27 Juillet 1

LE MIROIR
DES SPORTS

PUBLICATION HEBDOMADAIRE ILLUSTRÉE, 18, RUE D'ENGHIEN, PARIS

Photo de notre envoyé

LAMBOT MONTE LA COTE DES BOIS DE MOLLE AU COURS DE LA DERNIÈRE ÉTAPE DU TOUR DE FRA

vainqueur du seizième Tour de France, soucieux de conserver sa première place du classement général, s'est sagement t
rement en arrière du peloton de tête durant la quinzième étape Dunkerque-Paris, à la fin de laquelle il est arrivé quinz
h. 38' 35''. Le temps du Belge Lambot pour les quinze étapes est de 222 h. 8' 6''. Alavoine, deuxième, a totalisé 223 h.

1922

L'impulsion
de Thys

Thys peut très bien se frayer un chemin dans la fange et les difficultés, mais il reste toujours et partout un filou coquet. Flup a définitivement perdu le Tour, il est si réaliste. Mais il n'y a sûrement plus de rôle de premier plan qui l'attend, comme ce fut le cas pour Buyze en 1913 ? Il doit agir vite, car Alavoine n'a toujours pas porté le jaune à Luchon. En plus de promettre de ne pas gêner le Français, les négociations lui permettent d'obtenir un rôle gratuit pour les victoires d'étape. Les accords sont les accords, mais dans la course tout est élastique et truculent. Gars Jean continue d'agir avec force. Sur la route de Perpignan, il écarte le vieux Christophe - qui souffre d'une sciatique.

Peugeot a enfin pris le jaune, mais tout le monde est-il derrière le Français ? Alavoine est là depuis assez longtemps pour en douter. Il a raison. Philippe rappelle déjà l'accord à la direction de l'équipe en s'imposant à Toulon puis le lendemain à Nice. Symptômes d'honneur ou vengeance ? Du premier panneau de signalisation à la baignade grecque, tout se passe toujours bien. Flup emmène Alavoine pour un raid téméraire à l'intérieur des terres. Le leader gagnera ainsi des minutes supplémentaires. S'agit-il d'un geste sincère de la part du guide ? Il y a aussi des éléments qui permettent de construire une histoire différente, des insinuations selon lesquelles Thys a roulé avec le fier maillot jaune - qui ne voulait certainement pas l'affaiblir - sur le terrain qu'il avait choisi, aussi frétillant qu'un sandwich mou. Pour montrer qui était le meilleur coureur du Tour ? La presse fanatique a longtemps entretenu ce récit vicieux. Le déroulement de la course ne confirme pas la thèse des quatons.

◀ Firmin Lambot en route vers sa première victoire dans le Tour de France.

Dans cette neuvième étape, vers Nice, Alavoine est le premier à attaquer dans le col de Braus. Lambot suit. Thys doit poursuivre et ne le rejoint que plus tard. Dès lors, il pousse fort pendant des kilomètres et met Lambot en difficulté. Après une crevaison dans la descente vers Sospel, le Wallon doit abandonner définitivement. Alavoine et Thys restent et prennent le départ du Castillon ensemble en tant que coéquipiers modèles. Sur la piste de Pont-Magnan, Philippe est en position perdue, jusqu'à ce qu'un cale-pied se détache sur le Français dans l'avant-dernier virage et que la pédale droite rebondisse sur l'anneau de béton. Thys n'est pas mieux ce jour-là, mais gagne par un coup de chance. Ce qui n'exclut pas qu'Alavoine en ait fait trop plusieurs jours de suite et qu'il se soit lentement épuisé.

Lambot, Christophe, Lenaers et Beeckman ont pris un retard considérable à Nice dans le classement. La course ne s'arrête pas dans les Alpes, ce qui aurait été une évidence. Philippe continue à poursuivre Alavoine. Son appétit pour l'attaque fait toujours reculer quelqu'un au classement. Le leader doit réagir attentivement à chaque fois. Vers Brainçon, où Thys perd sur l'Allos avec de nouveaux problèmes gastriques, son envie d'être le premier à franchir la nouvelle montée du Vars et de l'Izoard l'emporte sur l'inconfort. Même une méchante crevaison n'arrête pas Flup. Il entraîne les attaquants directs d'Alavoine dans une aventure rocambolesque.

Bottecchia est victime d'un mauvais tour. Quelqu'un lui met dans la main une mixture de sorcière et le bon à rien ne s'en aperçoit pas. Bientôt, il vomit à travers la Case Deserte, mais le buffle ne se laisse pas faire. Thys n'y voit-il pas la preuve ultime qu'en tant qu'étranger, il a certainement été victime d'empoisonneurs ? Le mal et l'injustice hantent son esprit et il fait une révérence encore plus féroce. Gars Jean n'a pas le choix, il doit suivre. Les pouvoirs s'envolent à nouveau et il se retrouvera plus tard à court d'argent.

Au sommet de la ville fortifiée de Briançon, Thys gagne à nouveau. Alavoine reste longtemps sur place et, somme toute, a l'air encore frais. Son avance sur Lambot est intacte. Mais dans une rude étape de Briançon à Genève, par le Galibier, le leader est seul à pied. C'est l'hivernage sur le toit du Tour, avec de la neige fondue et des vents mordants. Alavoine doit changer de pneus. Puis sa chaîne saute de temps en temps sur les pions et se bloque à chaque fois. Les 22 minutes d'avance sont largement perdues. Thys n'y peut rien, lui qui réchauffe innocemment ses mains glacées sur le radiateur d'une voiture suiveuse. Lambot se cache et, conscient de la faiblesse de Jean dans la seconde moitié du Tour, commence à calculer ses propres chances une fois de plus. A partir de Genève, une nouvelle journée de galère commence pour Thys. De nouveau souffrant, il doit régulièrement descendre de vélo et plonger dans les buissons sur le chemin. Les forces s'épuisent littéralement. Le top 10 s'envole avec lui. L'impossibilité d'assister le maillot jaune se précise dès le début de l'étape. Désolé.

▲ Lambot et Heusghem sur la route.

Alavoine subit une nouvelle crevaison dans la finale complète et son avance est encore plus réduite. La bougie s'éteint complètement en Alsace, où il perdra plus d'une heure en raison de pas moins de six changements de pneus. Thys, ainsi que Lambot - qui n'a que quelques minutes de retard - ne sont jamais là pour le sauver. Ont-ils répété l'inventivité française ? Ils trouvent une explication propre et invoquent des excuses malheureusement convaincantes à chaque fois.

L'équipe a dégénéré en un panier de crabes. Tout le monde comprend qu'ils sont sortis avec un lot de mauvais pneus chez Peugeot. Quelle en est la cause ? Cela ne s'est jamais vu dans la super-équipe sécurisée. Y a-t-il - comme l'a souligné Thys, mais dans un cadre et une année différents - du personnel racheté dans leurs propres rangs ? Alavoine, avec 50 chambres à air crevées, est très mal en point.

Lorsque le veau vers l'œuf de Strasbourg est ainsi noyé, Lambot reçoit l'ordre d'attendre le leader Alavoine. Hector Heusghem passe ainsi de justesse en jaune. Il sent déjà les boules d'huile de Paris. Peugeot frappe à nouveau la balle de travers : le jaune s'en va. Le robuste Carolo n'a plus d'aide à sa disposition. Son frère aîné est encore dans la course, mais Louis roule pour Peugeot. Baugé le met sous tutelle. Le perdant n'a même pas le droit de rouler près de son frère.

L'écharpe d'Hector ne tourne pas dans la roue arrière. Officiellement, c'est sa propre brutalité qui l'emporte. Il plonge sur un pitoyable chien galeux, qui est chassé à travers la route par le concurrent désespéré avec un coup de pied au derrière. Après avoir goûté à son Thomann handicapé, Heusghem s'empresse de prendre un nouveau vélo. C'est un serment dans l'église de Desgrange. Le directeur de course Dupont demande le vélo pour inspection et le met dans le train en direction de Thionville.

Mais la folie n'est pas encore à son comble. Arrivé à Metz, - dixit L'Auto - un technicien est surpris en présence du leader en train d'endommager davantage la moto confisquée. Pour tenter d'obtenir une grâce ? L'entourage de Thomann prétend que le vélo a été détourné lors du transport en train sans surveillance et que ni Heusghem ni le personnel de l'équipe ne sont à blâmer.

La pénalité de temps qui l'attend est énorme et Lambot-Peugeot prend à contrecœur le maillot jaune le lendemain matin. La vie est faite pour les audacieux. Thys se tait mais réfléchit. Personne n'est de bonne foi et sincère dans cette épreuve. Les frères Alphonse et Jean Thomann se sont disputés avant la Première Guerre mondiale et ont vendu leur petite usine à Gentil par nécessité. Ce dernier laissa la marque exister, mais ne lui accorda jamais d'attention ni de budget. L'éléphant trompettiste du logo a les pieds sur terre et n'a pas le poids nécessaire pour louer de grandes publicités dans le magazine sportif du patron. Peugeot peut le faire sans broncher. La marque au lion aurait-elle rectifié toutes ses bévues accumulées en rachetant le Tour ? Tant pis pour Philippe. Les routes de Dunkerque semblent plus accueillantes que jamais.

Lorsqu'à Maubeuge, il s'avère que sa fourchette est de travers, il n'y a pas de stress. Il ne s'agit pas de gagner cette fois-ci. Regarder un portefeuille riche n'est-il pas la meilleure alternative à la victoire ? La perte imminente d'Alavoine est largement commentée dans la presse française. La frustration monte et le trio étranger se voit reprocher ses erreurs et ses excédents. Le cartel ardennais existe. Au départ de Scieur, ils s'entraînent souvent ensemble sur les flancs de la Meuse namuroise ou sur les hauts sommets de Gedinne et osent déjà franchir la frontière à Givet, pour un meilleur verre de vin.

Les amis poursuivent leur rythme d'escalade avec ce qui est disponible dans les Ardennes. La Baraque Michel est le point culminant du pays à l'époque, car Botrange est encore dans l'Empire. Lambot est d'abord furieux contre Thys : parce que le jeune homme est rapide et remporte d'emblée la victoire au classement général du Tour 1913. Un sable amical est ensuite répandu sur ce faux départ.

Il est évident que les trois n'ont pas inutilement contré les plans des autres, mais cela ne veut pas dire qu'ils n'ont pas chacun roulé pour leur shill (profit) quand cela comptait. Les trois Belges étaient amis, mais ils n'avaient pas de compte en banque utilisable. Avec le Français Alavoine, ils avaient encore moins en commun. Philippe le rationnel aurait-il vomi méchamment sur le bord de la route ? Tromper Gars Jean

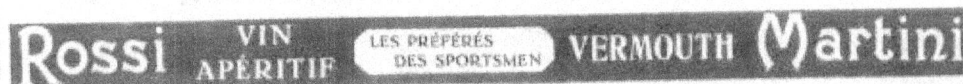

Dimanche soir cette course individuelle de 100 km. a vu la victoire de René Vermandel (au milieu), en 2 h. 39 m. 21 s., suivi de Philippe Thys (à droite) et de Jean Brunier (à gauche).

Rossi VIN APÉRITIF LES PRÉFÉRÉS DES SPORTSMEN VERMOUTH Martini

▲ Les trois premiers de la course sur piste de 100 km posent pour la photo. Jean Brunier, le vainqueur René Vermandel et Philippe Thys.

de la sorte tend vers le mauvais côté de l'homme. Thys n'était certainement pas comme ça. Comment expliquer alors que sa préparation physique ait été excellente un jour et nulle le lendemain reste un mystère médical.

La désillusion de 1922 a duré toute une vie. Flup a accumulé de l'amertume derrière la confluence du nationalisme, de la tromperie, de la maladie et de la malchance. Mais si, malgré tout, il avait continué à pédaler jusqu'à Luchon au lieu de jeter

▲ Les membres du Brussels-Sportif posent devant les trophées qu'ils ont remportés lors de la saison cycliste 1921-1922.

l'éponge, il n'aurait perdu qu'une heure ce jour-là. Peut-être un peu plus. Compte tenu du suivi dans les Alpes et de la malchance de beaucoup d'autres, ce n'est certainement pas un fossé infranchissable.

Firmin Lambot navigue le plus facilement entre les intrigues et les désastres et sera une fois de plus le vainqueur du classement général. Il est le premier dans l'histoire du Tour à devenir lauréat sans avoir gagné une seule étape. C'est le Tour de l'injustice et de l'iniquité. Eugène Christophe, après l'échec précoce de Thys, semble enfin en mesure de gagner. Comme en 1913 et 1919, sa fourche casse et il doit continuer sur un vélo de pasteur. Le surprenant Jean Alavoine met alors la main sur d'excellents papiers. Trop de crevaisons et trop peu d'amis le tueront aussi. Enfin, Hector Heusghem a trop peu d'influence et une trop petite équipe.

Les troupes de Baugé sont rentrées dans le rang pour des raisons de circonstances et vers le Parc des Princes, elles ne laisseront personne en solo. Rossius, Sellier, Masson, tous sont prêts à récolter la gloire d'un saut de chat. Pourtant, Thys avance sa grosse carrure et franchit la ligne d'arrivée le premier. Il met les points sur les "i" de l'incontournable. Il signe la feuille de course finale avec des points sur le "ij". Personne ne sait pourquoi Thys a toujours signé à la main en tant que Thijs. L'ypsilon était-il un blanc-seing trop stylisé de ses origines de Willebroek ?

Ce même automne, il veut encore prouver que le système intestinal est responsable de faux rapports. Le Grand Prix Sporting de l'Embrayage est le parcours de prédilection pour donner l'exemple. Philippe - mis en scène par Peugeot, bien sûr - fera le parcours avec... Alavoine. Ainsi, les instigateurs de l'inimitié ont soudain le vent en poupe. L'impossible équipe de circonstance s'impose à Lyon après un sublime travail d'équipe. Peugeot n'est soudain plus un ministère national, mais une entreprise internationale flexible qui doit faire des profits et des progrès universels, sans normes ni frontières.

Philippe n'a pas voulu baisser les bras et a réalisé le meilleur hiver sur piste de sa carrière à Bruxelles. Après une deuxième place dans le prestigieux critérium de course sur route, plusieurs victoires dans les Américaines ont suivi avec Vermandel et le jeune Pierre Rielens, surnommé Pikke Vlam (Fat Flame) en raison de sa vitesse de jambes et de ses sauts fantastiques.

1922

Theo temps

....

Dans la tête de Thys, personne n'a jamais réussi à regarder. Il semble toutefois qu'en 1923, il décide d'entamer la prochaine étape de sa carrière de coureur automobile. Il est temps de miser sur le nom et la célébrité et d'abandonner l'envie de réaliser des performances de haut niveau. Il se concentrera sur les succès quotidiens. Un modèle de bicyclette portant son nom est en préparation et Philippe épouse Marie-Thérèse Van Keerbergen, âgée de 12 ans, entre Noël et la Saint-Sylvestre 1922. Bien que la course soit loin d'être son spectacle de chevet, elle accompagne régulièrement Philippe sur les courses.

Ils se fréquentent depuis un certain temps. Pas en cachette, mais pas non plus par le biais du tapis déroulé à la porte d'entrée. Le père est un clerc de notaire rigide à Halle et ne voit pas d'un très bon œil les amours de sa fille avec un pilote de course. Mais l'amie de Thys est une maquerelle sûre d'elle. Elle fait passer son testament en disant : si ça ne marche pas, je ne serai plus à ta porte papa, sois-en sûr. Le couple quitte la Transvaalstraat pour s'installer dans une modeste maison Art déco dans le Limbourglaan, un quartier plus agréable. Une rue pleine d'arbres et de meilleurs citoyens.

La lumière blanche des noces transforme l'hiver le plus morose en observations du RMI. Les jeunes mariés n'ont pas besoin de prévisions météorologiques. Les premiers classiques tombent tôt et demandent beaucoup de préparation à l'hiver. Il y a des obstacles domestiques et professionnels. Pour la première fois, Thys ne vit pas que pour le sport. Pour le bien de la meute de soldats dans la Ruhr occupée, il veut participer - pour la bonne cause - à quelques courses avec Vermandel. Le frisquet Tour de Belgique reste sur la touche. Philippe se dirige vers le circuit du Languedoc, mûri par le soleil. Lorsqu'il quitte la maison, la continuité de l'arbre généalogique est acquise. Thys deviendra un fier papa à l'automne.

A Montpellier, il est trop détendu et victorieux. Piquemal, un régional motivé, ne se permet pas de repasser. Bellenger prend la tête et dans la dernière étape, Flup se contente d'assister son coéquipier. La préparation de la manche ne contient que des missions pour d'autres Peugeot. La sensation est différente. Il n'y a plus d'impatience ni de nervosité intérieure. Thys a besoin de se ressourcer pour partir au départ du Tour à Paris. Cela ne lui est jamais arrivé en bonne santé.

Au-delà d'une troisième place dans l'étape de Brest aux Sables d'Olonne, le moral n'est plus au beau fixe. La tête est pleine de souris et les jambes se balancent. Elles se vautrent en pilotage automatique, sans guide. En montagne, c'est la routine. À Toulon, où commence le voyage vers sa ville préférée, Nice, la porte de la chambre reste fermée. Il y a des rumeurs constantes de débauche sur la route, des tentatives de sabotage et des menaces contre les Belges. Flup s'oppose à sa renommée, à quelques heures du leader. Il n'y a plus d'honneur à gagner ici. Heusghem et Lenaers sont du même avis et sont des compagnons de coupé reconnaissants sur le chemin du retour vers Bruxelles.

L'année dernière, Philippe a tenté de décrocher la victoire au classement général. Ce rêve s'est brisé sur la route de Luchon. Plein d'adrénaline, il a alors voulu montrer qui était le meilleur et a accumulé quatre nouvelles victoires d'étape après les Pyrénées. Cela restera son dernier grand tour de force, que l'on pourrait mettre en parallèle avec celui de l'héroïque Buyze en 1913. N'est-ce pas, messieurs les journalistes ?

Henri Pellisier revient sur sa décision de ne plus jamais rencontrer Desgrange. Il n'en faut pas plus pour que les deux hommes croisent le fer à plusieurs reprises. Lorsque le patron du Tour passe en revue la liste des prétendants à la victoire de manche au printemps, il déclare hardiment que Pélissier peut être écarté immédiatement parce qu'il ne peut pas abandonner. Cela suffit à faire sortir Henri de son trou. Il remporte le Tour de France 1923, conduit comme jamais auparavant, avec une facilité déconcertante et une large avance sur son coéquipier Bottecchia. Le fait qu'une main coupable ait versé de l'arsénique dans la canette de Scieur lors d'un intermède précédent et ait secrètement travaillé la pédale de Lambot avec une scie à métaux n'est qu'un détail secondaire. La France a enfin retrouvé un vainqueur, 12 ans après Garrigou. C'est là l'essentiel. L'édition mensuelle de L'Auto a été épuisée avant midi.

La préparation du Paris-Lyon 1923 a commencé. Les entraînements sur le front intérieur bruxellois alternent avec des tests de vitesse sur la piste cycliste de Buffalo. Flup est toujours sollicité et, à la mi-temps, ose encore sauter rapidement dans le train pour un omnium France-Belgique. L'équipe peut continuer à l'utiliser où elle veut : mais si le petit devait descendre plus tôt, il abandonnerait. Les patrons de Peugeot rient de bon cœur et sont d'accord.

Paris-Lyon, la plus longue course d'un jour de l'année, tourne à l'orage. Frantz gagne, mais son équipier est moins bien. Alavoine et Thys se faufilent entre la troisième et la sixième place, reprenant le classement en duo. Une fois débarqué à Lyon, le Tour du Vaucluse pourrait devenir un numéro obligatoire. Flup est là de toute façon. Il fait son travail, mais ne peut plus se ressourcer et sort complexé du chemin. Philippe veut rentrer chez lui : tout de suite. Rassuré par le déroulement normal de la grossesse, il concourt encore au Luxembourg, sur la piste douillette de Hamme-Zogge et la piste de Moustier-sur-Sabre.

Le championnat interclubs de Belgique à Bruxelles peut encore être ajouté. L'Anvers BC est beaucoup trop fort. Les Pajols terminent dans le ventre du classement. Retour à la maison le soir même, telle est la devise. Le fameux chrono de l'équipe est un rendez-vous annuel d'automne par amour du club. Depuis longtemps, Thys n'a pas de domicile fixe à Bruxelles en raison de son mariage et passe parfois plus de temps dans les Ardennes et à Paris que dans la capitale. Peu importe la délocalisation, chaque fois que le Brussels Sportif le demande, Philippe vient au Cinquantenaire.

Le GP Wolber du 30 septembre est un numéro obligatoire. Réussira-t-il à s'imposer ? Thys se met à rêver. Des fleurs pour sa femme et son enfant ? Imaginez. On ne sait jamais comment la course va se dérouler ? Rouler en voiture peut ouvrir des perspectives. Les rêves sont trompeurs. Masson élimine Pélissier. Thys n'a jamais pu suivre les meilleurs après Compiègne et aurait mieux fait de rentrer par le Nord.

Le mardi 16 octobre, le petit Théo voit le jour. C'est un garçon. Le sexe est alors encore une surprise que les jeunes parents doivent attendre. Avec le slogan : tant qu'il est en bonne santé, la préférence n'a pas lieu d'être. En 1923, naître en bonne santé donne beaucoup plus de chances de mener une vie sans soucis. Ceux qui ont un problème dès le départ doivent souvent se résigner à Darwin, malgré les sept bougies allumées et les beewegen. Pour ceux qui ne peuvent pas rejoindre les plus forts, peu de science et d'équipement sont disponibles.

Tout va bien pour la jeune pousse. Il grandira avec Disney Studio - dont les frères Walt et Roy ont couché les premières lignes sur le papier ce jour-là - et ne manquera de rien. Maman et Philippe peuvent s'amuser un peu. Ils forment un couple solide, qui devient peu à peu imbattable. Elle connaît son métier, peut diriger la maison et gérer le personnel. Ce sera un atout lorsqu'ils dirigeront ensemble la compagnie de bus et que ses hommes seront souvent absents de la maison.

Thys reste un temps coureur de pain et cherche à gagner plus facilement de l'argent. En cours de route, il lorgne discrètement sur des activités lucratives après le cyclisme. Philippe n'est pas un père de famille et un mari flamand, mais un père de famille précis et responsable. La famille doit être en ordre : des vêtements propres, de belles chaussures, de la viande tendre, du sucre et du pain blanc ne manqueront jamais.

Dans le Brussels Derby, il ne termine rien et dans la réunion des As, papa se fait laminer dans les premières minutes. Thys se lance à la poursuite. Noblesse oblige, la fureur est de courte durée. A l'occasion de l'Armistice, Thys court avec Vermandel à Paris. Les billets de train sont pris. La vie cycliste reprend. Les collègues se moqueront de lui. Le vieux jeune père va sûrement se faire soigner un jour ou l'autre ?

▲ Vermandel et Thys lors de l'enregistrement de 1923 à Paris-Bruxelles.

▲ Le Tour de Belgique 1924. Masson, Thys et Verschueren signent la feuille de contrôle à Echternach.

1924

La cloche ne fonctionne pas

Le Tour de France 1924 doit partager l'attention. Dans la ville lumière, les Jeux olympiques d'été sont en préparation et Tarzan y remportera des médailles d'or à la nage. Pendant ce temps, le monde doit absorber des événements choquants : un putch dans une cave à bière allemande, la mort de Lénine, l'arrivée des travaillistes à la tête de l'Empire et la nomination de la première femme ministre, Nina. Les hommes, effrayés, regardent la scène. Que va-t-il se passer ensuite ?

Dans la nuit du 21 juin, le peloton est assis côte à côte pour festoyer dans un resto de la porte Maillot. C'est un peu étroit, mais la nourriture et le vin sont excellents. Malgré des délais plus serrés, les touristes sont encore plus nombreux que les années précédentes. Genève a été supprimée. Le Franc Suisse est trop cher. À deux heures, ils s'élancent : les fauves sortent en trombe de la ville, empêchant les habitants des banlieues et des premiers villages champêtres de dormir. Une fois par an, des hommes s'appuient sur les façades endormies et de très vieilles dames s'assoient devant les portes sombres pour admonester les enfants bruyants et imprudents.

Pélissier, vilipendé et vénéré à la fois, retrouve du crédit après sa victoire de l'an dernier. Malheureusement, il a dû faire allégeance à Bottechia. Automoto avait un choix à faire : racheter la place de leader de l'Italien ou le laisser à la concurrence. Henri semble avoir changé. Il est plus doux et se contente plus souvent de ce qui

◀ Bottechia et Masson traversent un ponton lors de la quatrième étape du Tour de France 1924. Le tour-routier Lœw frappe dans les forces de tarte fraîches.

est réalisable. Ottavio ne ménage pas ses efforts et remporte la première journée au Havre. Le Français y est déjà pris en tenaille et doit tenir parole. Thys reste longtemps dans le peloton, mais une regrettable crevaison lui fait perdre trois minutes. Le vainqueur de l'étape reçoit chaque jour trois minutes de bonification. A Cherbourg, Bellenger, un habitué des premières étapes, gagne. Sur la route de Brest, le départ est matinal : 16 heures de vélo. Thys se place à l'avant et suit de près tous les mouvements. Les esbattements à travers la Normandie et la Bretagne sont toujours chaotiques et coûtent des forces. A Coutances, les Pélissier s'y retrouvent. L'aîné est contrôlé le matin par un commissaire zélé pour port de maillots différents. La dictature n'est pas appréciée et Desgrange ne veut pas en parler à Henri avant le départ.

Avec leur coéquipier Ville - deux fois deuxième et déjà les genoux douloureux - les frères s'installent dans l'une des auberges du patrimoine de la SNCF. Au Café de la Gare, Albert Londres, qui suit le Tour pour Le Petit Parisien, est une proie reconnaissante. Le reporter est romancier et ne connaît rien à la course. Il cherche les abords du spectacle pour sa chronique. Les frères montent d'un cran et dressent le portrait d'esclaves qui, contre les règles absurdes de directeurs cyclistes avides de pouvoir, n'ont pas un pouce d'histoire.

Infesté par l'injustice coloniale, le journaliste pense trouver là matière à un Germinal sur le cyclisme. Les démissionnaires évoquent bocaux et pilules et témoignent volontiers de la dureté du stile : pieds gelés, doigts vidés, ongles tombés et autres inhumanités physiques systématiques. Desgrange aurait dû s'en douter : la famille têtue et bornée a toujours le dernier mot. Le bâton est à nouveau trouvé et surtout, l'existence d'un serviteur à l'ombre de Bottechia est habilement évitée. Il y a pire à La Douce que l'acrimonie des riches Pélissiers. Les clients des boulangers, sur un plateau de 56 pains, ne peuvent même pas s'en réserver un. Ils sont si grossièrement exploités et sous-payés que seule la grève pourra les aider. Londres s'est trompé d'endroit pour une épopée sur le travail forcé.

Beeckman est euphorique après sa victoire sur la piste géante de Brest et se hisse à égalité avec Bottecchia au classement. Thys se fait sonner à la rencontre et dépose immédiatement une réclamation. La cloche n'a pas sonné au départ du dernier tour. Il n'y a pas de règles fixes à l'arrivée dans un vélodrome. Les coureurs doivent lire attentivement le roadbook chaque jour. Selon que la piste est grande ou petite, en béton ou en cendres, des règles différentes s'appliquent souvent et la pluie modifie souvent les arrangements plusieurs fois en cours de route.

Philippe a simplement fait un mauvais calcul. Ses jambes rapides sont un peu à la traîne, mais le règlement est de son côté. Thys est déclaré vainqueur ex-equo de l'étape. Le lendemain, lorsque Bot chausse un pneu neuf près de Quimper, Thys et Frantz secouent l'arbre à la demande de Peugeot. A Nantes, c'est le carnaval. Les coureurs doivent descendre de leur vélo. Le peloton ricane sur un pont de secours tandis que la Loire inspire et expire en rythme.

Alavoine accélère lorsque l'Italien à la coupe de cheveux sauvage éclatée peut enfin se connecter. Sans succès. Les troupes Peugeot rassemblées ont tout fait pour se débarrasser du porteur du maillot jaune. En vain. En direction d'Olonne, le calme revient et un peloton calculé transforme la gestion du Tour en un nouveau sprint groupé. Au grand dam du patron. Les pêcheurs de sardines bleues se tiennent en bancs le long de la côte et esquivent les balles de tennis volantes. La France fait bonne figure à Wimbledon, mais pas dans son propre Tour. Les boulangers mettent fin à leur mutinerie et tout le monde peut à nouveau tremper des pains à croûte dure dans du café à volonté : le seul remède contre les fractures dentaires. La baguette n'est pas née en France. Seules Paris et les villes côtières et thermales à la mode proposent des baguettes. Cette exclusivité de la frivolité est un produit rare, copié sur les Wiener et disponible uniquement dans les pâtisseries.

Le luxe se dissipe spontanément au cours des 482 kilomètres fastidieux qui nous sé-parent de Bayonne. Une nuit sur place et quelques tentatives de sommeil sur le vélo. L'enthousiasme n'est pas au rendez-vous. Les leaders cyclistes n'ont pas compris que le parcours change et que le temps des pionniers touche à sa fin. Philippe est médiocre et perd encore du terrain dans le final nerveux. La presse girondine cliche des teurs de première page lancés sur des cols élevés. Bottechia ne peut attendre et passe à l'attaque avant même que les vertes forêts du Tourmalet n'émergent. Il dis-pose complaisamment de son coéquipier Buysse.

A Barèges, ses attaquants suivent de loin. Son coéquipier Lucien passe après 15 mi-nutes, Mottiat avec Frantz et le solide Beeckman après la demi-heure. Brunero est plus loin et Thys une heure plus tard. Scieur et Defraeye abandonnent. C'est dans ce contexte que le Bruxellois aurait reçu son herbe à puce. L'histoire n'est peut-être pas vraie et, en tout cas, Philippe a oublié d'ajouter qu'il n'était plus candidat à la victoire depuis longtemps à Bayonne le matin. Il est impossible d'exclure que les coureurs aient bu dans une bouteille défectueuse, même s'il y a des points de ravitaillement officiels et du personnel d'équipe sur la route. Même dans ce cas, les athlètes avaient des favoris et des habitudes que l'équipe a pris en compte. Thys est arrivé à Luchon une bonne heure après le vainqueur. Un résultat qui s'inscrit parfaitement dans la lignée de ses résultats de la première moitié du Tour 1924. Thys participe au Tour parce que son contrat et son salaire annuel chez Peugeot le prévoient. Au mieux, il espère encore un jour fort ou un coup d'éclat. Les vieux remèdes sont fatigués.

Mais lorsque l'orage éclate et que les chiens ne peuvent plus être déplacés à l'aide de bâtons, leur pouvoir magique revient. En route pour Perpignan, Bottecchia décide d'achever son œuvre. Alancourt ose le suivre. Thys avance sous la pluie. Pendant des heures, il scrute l'horizon. Après une rapide montée du Puymorens, les routes s'assèchent et il rejoint les premiers. Bottechia est une masse grisonnante avec un gros pied de nez. L'Italien s'est surestimé et boit des trucs froids jusqu'à ce que le muscle de son estomac s'échappe. Il roule dans le zinc de la citadelle Mont Louis et supplie depuis de se laisser dériver à l'arrière.

Mais Bottecchia est à l'origine un pauvre garçon de ferme qui ne donne jamais un morceau de pain à la légère. Dans le sprint, il jaillit soudain de l'obscurité des platanes et file comme une flèche vers la ligne d'arrivée. Philippe, victorieux, arrive trop tard. Coupure de mots. Thys s'apprête à dire adieu au parcours qui a fait de lui un citoyen célèbre et fortuné. Il s'est acharné toute la journée et maintenant, c'est comme ça. Philippe cherche un maillot jaune dans le désordre de l'arrivée. Le lâche s'est enfui. Thys prend son vélo et se lance à sa poursuite. Dans une petite école qui sert de vestiaire, il trouve enfin l'Italien et tape sur une bouteille vide accidentellement jusqu'à ce que les tessons sautent. Thys est choqué. L'agressivité, il l'a toujours bien maîtrisée et en a souvent profité. Des spectateurs interviennent pour éviter le pire et l'entraînent hors de la classe. Flup se laisse faire de bonne grâce et rassure tout le monde. La frénésie est passée. Bottecchia, totalement hors de son lait, s'est réfugié dans un coin, sous un pupitre.

Il a fallu attendre la fin de l'été de sa carrière pour que Thys se mette vraiment en colère. Bientôt, c'est le départ pour Nice. C'est alors que le match se joue. Sur la courte étape qui mène à Toulon, Philippe se repose, puis dort longuement. Il entre en transe. La manie des bactéries s'installe. La voiture suiveuse du Petit Parisien a été transformée en laboratoire de conduite mesurant 19 millions d'insectes par mètre cube d'air. Dans cette atmosphère, le combattant rancunier devra bientôt tenter de se montrer à la hauteur. On ne sait encore rien des bonnes et des mauvaises bactéries.

Ce qui inquiète Bottechia plus que la poussière et toutes les bestioles, ce sont les tifosi italiens qui traversent la frontière à Vintimille pour l'encourager. Une fois indignés, ses compatriotes peuvent faire beaucoup pour bafouer et causer encore plus de dégâts. La destruction de sa propre figure de proue fait partie des possibilités. Faire tomber ou forcer à s'arrêter l'Italien au cœur de la folie est un scénario qu'il vaut mieux envisager.

Desgrange permet au leader de partir avec un autre maillot et d'échapper à la violence politique. Cette citation permet à la direction du Tour d'invoquer son pouvoir et n'enfreint que légèrement son propre règlement. Le bord de la route cherchera un maillot jaune et n'en trouvera pas ce jour-là. Jusqu'au premier passage à Nice, les choses restent calmes. Thys connaît la boucle de Sospel comme sa poche. Avec une tâche alpine difficile en perspective, on espère une absence de vent chez les coureurs du classement. Philippe échantillonne le groupe et fait une première incursion. Alavoine et Bot lui-même le rejoignent. Il regarde le lâche dans les yeux. Des regards furieux s'expriment : vas-tu encore lutter ? Le vol s'essouffle. Avec cette compagnie, le vieux schnock n'ose pas pousser plus loin. Alors Alavoine est autorisé à s'éloigner, et rien ne s'oppose aux deux Italiens qui le suivent. Le leader est-il à nouveau dans la combinaison ? Dans le Castillon, Thys fait une belle remontée et passe en tête.

Il faudra faire preuve de doigté : forcer l'alimentation à chaque montée est une excellente recette. Alavoine et Brunero cèdent. Aymo est toujours dans son ombre

▲ Bellenger, Thys et Degy se rafraîchissent à la source du château de la Grange dés Prés, près de Pézenas.

après la descente sinueuse vers la côte. Alavoine n'est normalement pas à la hauteur au sprint. Flup prend tout de même ses précautions, obligeant l'Italien, sur la Turbie, à sortir le grand jeu. C'est parti pour le casse-spaghetti.

Philippe Thys, lui et personne d'autre, entre à Nice avec des longueurs de plomb. Le speaker Arnaud l'annonce de loin. Parler de victoire acquise est peut-être exagéré, même si Frantz et Bottechia font remarquablement la roue libre dans le final. Celui qui veut gagner le Tour a compris qu'emmener un Thys en colère dans les Alpes n'est pas un bon scénario.

Maintenant que l'ancien a repris du poil de la bête, il ne fera plus de vagues. Philippe exécute pour la dernière fois les numéros obligatoires lors de la journée de repos : visite d'adieu au dépôt de vélos et réception de clôture à la mairie. Pas de fête aux crustacés. Les chefs d'équipe implorent et supplient leurs coureurs de ne pas s'approcher des plateaux de fruits de mer qui les invitent. Poissons, crustacés et mollusques de l'époque jouissent d'une réputation douteuse. Ce sont des bombes en fermentation, souvent laissées longtemps dans une eau trop chaude et qui finissent quand même dans l'assiette. L'équipe belge quittera un jour le Tour parce que de gros anchois grillés étaient restés à terre pendant un certain temps.

Dans les Alpes, Frantz tente encore de déstabiliser Bottechia. Il n'y parvient que faiblement. Tandis que Thys évoque le voyage à Strasbourg dans son catalogue. C'est un pari. Il y a toujours des corsaires sur la côte du 14 juillet et les Luxembourgeois sentent le terroir de la Moselle. Frantz termine bien ce jour-là et dans le parc parisien, le maillot jaune italien est impatient et bien trop fort. Thys termine son dernier Tour - du moins le pensait-il à l'époque - trois bonnes heures après le vainqueur.

Sa dernière victoire d'étape lui suffit pour l'instant. L'entrée scintillante le long des rives de sa mer bleue bien-aimée est sur sa rétine. Quand la moitié des Niçois ont à nouveau le droit d'arborer fièrement le magnifique argent - conçu à chaque fois spécialement pour l'arrivée de l'étape - au-dessus de la ville : cela fonctionne comme une addiction. Les coureurs baignent parfois dans une inexplicable confiance en eux ou, au contraire, ont des phobies enfantines sur certains tronçons. Ils sont toujours là, bons ou mauvais. Thys a toujours trouvé la force de prendre un peu de temps libre sur la Côte d'Azur et a ainsi basculé dans son rôle de collectionneur passionné du coupé. Avant de repartir, il jette un coup d'œil dans sa valise, car à Paris, il faut se méfier. L'œuvre d'art est toujours là ...

1924

Salade Niçoise

Nice est pleine d'arroseurs invisibles qui vaporisent une luminosité éblouissante et un bonheur parfumé. Il y a quelque chose de joyeux dans le jeu du soleil et de la senteur des herbes à outrance. Dans la station savoyarde, Thys a souvent ancré sa position de départ favorable dans le béton armé. Il y a gagné pas moins de trois étapes du Tour et lors de sa toute première visite en 1911, le Belge inconnu s'est imposé sur le circuit Peugeot-Wolber.

Phillipe n'a que peu de mérite dans son leadership surprenant ce jour-là. L'adversaire Figuet se trompe grossièrement dans le sprint. Le petit gars capricieux au look de Professeur Tournesol, pousse un Suisse pondéré dans les barrières juste pour gagner quand même. Un geste stupide. La victoire a un goût sucré pendant un instant : quelques minutes plus tard, elle ressemble à une boule d'acide collante. Envoyé à la dernière place du groupe de tête, le Sudiste se sent floué jusqu'au bout des ongles. Pleurant, déprimé, puis à nouveau hautain, il crée le trouble et le théâtre pendant la journée de repos. Lorsque les camionnettes chargent et transfèrent les valises en carton des coureurs, les affaires de Figuet gisent encore sur son lit, dédaigneusement désordonnées.

La direction de course n'en démord pas et le coureur raté décide de se présenter au café Pomol à trois heures du matin. Il doit être près de Valence de toute façon. Figuet, à 28 ans, est surtout plus fort que Thys. Il démolit et fait chanceler Philippe. Mais le manque de raison et de patience a placé inopinément le Belge en pole position. Les rôles s'inversent. Personne ne sait où se trouve la force du jeune Thys. Une fois placé au sommet, il se durcit comme l'acier et reste difficile à déloger de son piédestal. Plus tard, au cours de son travail professionnel sur le tour de piste, cela se manifestera à plusieurs reprises. Cela lui vaut le surnom de Basset : il ne s'agit en aucun cas d'une référence à la race de chien aux longues oreilles qui regarde en bas, penchée, orpheline et triste. Ce n'est pas l'inadapté génétique britannique aux articulations noueuses qui est à l'origine de la comparaison, mais le Fauve de Bretagne.

La variante française est une petite bête nerveuse, elle aussi avec une posture de siège affaissée, mais avec un regard vif très impénétrable. Trapu et compact sur sa selle, Thys n'est certainement pas le plus élégant du lot. Malgré sa position basse, il a une vue dégagée sur ses adversaires. Un centre de gravité bas, toujours sur son qui-vive, on ne bascule pas facilement. Son insertion dans les yeux est une arme supplémentaire. Sur toutes ses photos, Philippe a l'air flou devant lui, bien au-delà de l'objectif.

Ce n'est qu'un faux rêveur, car personne ne parvient à effacer quoi que ce soit du coin de l'œil. Les pupilles de Thys ne trahissent jamais les intentions ou les sentiments. Le large double menton est toujours souriant, un peu faussement. Philippe est une énigme de conduite : un océan profond. Quand le Bruxellois descend de vélo, son être prend soudain une couleur plus affable, plus humaine. Lorsqu'il gagne, il ose déjà dévoiler son charme, tout frais sorti du foie.

Chaque fois que Nice s'approche, les jambes de Flup le démangent. Le parcours circulaire de Desgrange est fondé sur des valeurs et des notions fixes. En 1913, il inverse le sens de la marche et imprime le road book pour les 25 éditions suivantes. Ce n'est que lorsqu'un cantonnier alcoolique a négligé quelque part une tranchée de route au point qu'un cheval peut s'y casser les pattes que ses collaborateurs envisagent un itinéraire légèrement différent. Le respect d'un itinéraire identique est facile et rentable. Mais sur la côte azuréenne, ils ne savent d'abord pas quoi choisir : Aix, Marseille et Toulon leur viennent à l'esprit. Seule l'exigence que la mer soit d'un vrai bleu turquoise est inscrite. Arrivé à Nice, le Tour fait quelque chose de très inhabituel : une boucle frivole. Une fois n'est pas coutume, il s'agit de faire des folies ?

Le parcours se déroule dans l'arrière-pays : jusqu'à Sospel, par l'Estérel, le col de Braus et le Castillon. Par la Turbie, avec vue sur Menton et Monte Carlo, on redescend vers la promenade des palmiers. L'atmosphère du tour de piste à Nice est unique. On a toujours l'impression de rentrer à la maison. De coûteuses robes blanches et des pantalons viennent admirer les coureurs, aussi nombreux que les distillateurs d'eau chaude des caves de l'hôtel, les cueilleurs d'olives et les livreurs de journaux. La préparation de l'étape porte des fruits croquants à la hauteur de la cueillette de Thys. Un parcours calme, sans danger et des montées dont beaucoup de coureurs ne savent que faire. Des boutons délicats, pas assez longs pour les vrais grimpeurs et trop durs pour les rapides.

C'est un terrain idéal pour organiser des exploits, des tours de force et avancer d'un seul coup. Ceux qui deviennent fous doivent se calmer rapidement, car sur le tronçon jusqu'à Sospel, trois terrains de jeux se succèdent. Combien de fois Flup a-t-il vu des voitures de journalistes s'approcher de sa roue et des journalistes nerveux noter Thys laché et en danger. Il savait que c'était mieux ainsi. Le trajet est un défi pour ceux qui dépensent leurs forces sans en tirer grand-chose. Entre les pentes, il y a de longues portions plates, où le mistral gagne toujours sur un solitaire. Pourtant, à chaque fois, il y a des gens crédules qui pensent pouvoir entrer dans l'histoire, mais qui se laissent emporter par leur idéal. Dans la chevauchée à travers l'air sec de la Provence, Monsieur Prudance est toujours à l'avant. C'est une chevauchée écrite sur l'air des gens endormis : attendre, doser et finir. Philippe aime beaucoup gagner à Nice. Il le fait une fois en tant que leader du classement et plus tard vainqueur du Tour : en 1920. Souvent, il suffit de rester près de ses adversaires directs et de les regarder droit dans les yeux à l'arrivée. Un seul regard suffit pour un grand coup d'éclat. C'est ainsi que Thys a gagné le Tour psychologiquement à plusieurs reprises.

Les victoires d'étape impliquent de nombreuses tâches, surtout à Nice. Il y a toujours de longues cérémonies et un programme complet vous attend pendant la journée de repos. De chez le concessionnaire Peugeot local à la buvette du Petit Niçois en passant par l'épuisant escalier de l'hôtel de ville. Philippe pouvait relativiser : pour les autres, c'était pernicieux, mais j'étais quand même le centre d'attention, une coupe de champagne à la main - que je n'ai jamais refusée - et entouré de coupes brillantes. Il y a eu des gars qui ont ajouté une autre réunion sur le vélodrome pendant le jour de repos à Nice. Wynsdau et Hudsyn, des Bruxellois à la mode qui roulaient comme des malpropres, y allaient pour gagner un franc. De cette façon, ces gars-là gardaient quelque chose à côté. Gagner n'était pas la pire chose qui pouvait vous arriver.

Ce n'est que lors de sa première participation que Thys s'est trompé sur le chemin de sa ville préférée, alors que le Tour sort encore tout droit des Alpes. A la 35ème place dans le résultat de l'étape, son excellent classement s'envole. La conviction d'arriver encore près de Paris s'estompe. C'est dommage, car Philippe peut encore se rapprocher dans les étapes suivantes et ne pas être loin du podium. Deux autres victoires dans sa deuxième ville natale viendront plus tard, alors qu'il est devenu un outsider et un prétendant à l'étape. En 1922, il évacue toute la frustration de son corps dans les dernières collines. Aujourd'hui encore, personne ne sait ce qui l'a poussé à agir de la sorte : la journée de maladie en montagne ou le double jeu de l'entourage de Peugeot ? Alavoine, maillot jaune et coéquipier, est avec lui ce jour-là. Thys voudra-t-il l'aider à remporter définitivement la victoire finale ou se ruinera-t-il complètement ? La question reste ouverte. Lemond et Hinault n'ont pas non plus eu de problème avec la hiérarchie à la table de presse jusqu'à ce qu'ils soient licenciés.

En 1925, lors de son dernier Tour, il a la volonté de revenir à Nice, mais son genou en décide autrement. La ville restera toujours son médicament préféré contre la fatigue du Nord. Thys s'y rend souvent et volontiers et n'a besoin d'aucun plan de ville. Le club Gambetta, l'avenue Félix Faure, le Riviera Glacier : c'est du connu. Monsieur Millet de Peugeot, le pharmacien Santoni, le commissaire-en-chef Menard, ils s'appellent en chœur de loin en loin. Un souvenir moins agréable de Nice suivra, plus tard. Celui qui a demandé à Flup quel moment évoquait le sentiment le plus propre de la ville a obtenu une réponse surprenante : le moment où le jury a lancé l'épreuve des pistes derrière des motos.

1924

Zen

· · · · · · · · · · · · · ·

Thys met tout en place après les derniers mètres du Tour 1924. Il était lui-même laid à l'époque, se moquant des autres et donnant des coups de pied brutaux à des coureurs corpulents pour les faire reculer d'un quart de journée. Mais c'est dur de perdre des heures et de ne pas pouvoir faire mieux. Il faut se concentrer sur les rares bons jours. A l'époque de Thys, seul le podium compte. Les journaux ne salissent pas plus les lettres de tête dans les classements du Tour des années suivantes. Aujourd'hui, il n'est plus dans les dix premiers. Même si l'immortalisation de la plus petite décimale est un processus de préservation d'une époque plus tardive, la prise de conscience d'un déclin tranquille a un effet sur une personne. Nombre de ses adversaires de l'époque sont aujourd'hui moins bien lotis sur le plan athlétique, mais tout de même... Defraeye était seul au départ, sans marque et oublié. Mighty Marcel s'est même réfugié en Amérique et a dû manger dans la main des chefs de la mafia des circuits ovales.

Avec les places 3 et 5, Lucien Buysse et Fil Beeckman font des progrès considérables en tant que coureurs du Tour. Pensant que le Tour est désormais une affaire de jeunes, Philippe referme avec soulagement la porte du vestiaire du Parc. Le repos n'est pas encore au rendez-vous. En tant que recordman, Thys est toujours en tête des listes de souhaits pour participer aux courses de l'après-Tour. Le Parc des Princes devrait à nouveau servir de cadre. Le Petit Tour de France s'étendra sur 60 kilomètres et les coureurs simuleront deux ravitaillements sur la pelouse : pour faire presque vrai. Pour le public, c'est réel. Les images filmées du tour ne circulent généralement pas avant l'hiver. Flup s'adapte à Paris-Lyon. Le prestigieux GP Wolber reste le gâteau obligatoire. Avec une somme monstrueuse de 15 000 francs pour le vainqueur, cette course tardive a un énorme attrait. Tous les pays amènent leurs meilleurs coureurs au départ. La course de Wolber ouvrira la voie à une véritable Coupe du monde à la fin de l'année cycliste. Thys sourit joyeusement à la Porte de Patin.

Les incorrigibles frères le font frire à nouveau. Grand émoi, quand les Pélissier sont indétectables quelques minutes avant la fermeture du contrôle. Forfait ? Ils ne poussent pas le bouchon aussi loin : n'est-ce pas Monsieur Thys ? Philippe s'esclaffe : ils osent tout, ces sakkerse Pélissiers et surtout quand l'établissement est aux mains de L'Auto. Où ils finissent, personne ne le sait, mais soudain ils sont là quand même : chronologiquement en retard. Ils trouvent cela particulièrement drôle. François fait la fine bouche : Monsieur Desgrange va-t-il nous refuser le départ peut-être ?

Le suspense dure jusqu'à l'arrivée, où Girardengo bat le grand Pélissier. Battu à domicile, Desgrange écrit rapidement : la défaite de l'orgueil. Thys continue à faire des apparitions régulières à Paris en novembre et décembre. Le Velo d'Hiver est le théâtre d'un match France-Belgique le jour de la Saint-Nicolas. Le compte en banque s'alourdit. En janvier 1925, Philippe roule à nouveau sur les six de Bruxelles. Par pur hasard, car Klaas Van Nek chute si violemment à Berlin qu'il est contraint d'annuler.

Les négociations dans les bureaux de l'avenue Bertrand préparent le terrain. Flup intervient volontiers : mais soyons raisonnable... pas gratuitement et pas pour venir organiser rapidement ma propre chute. En la personne de Dewolf, il draine un excellent coéquipier. Le nouveau directeur des pistes -Van Hammée a mis son palais des sports en concession pour l'instant- connaît Thys connaît Thys. Il a compris depuis longtemps l'appétit de l'ancien.

Si Philippe en vient à se disputer un coéquipier convenable, c'est pour en faire quelque chose. Tous deux se retrouvent en première ligne toute la semaine. Le fait qu'Aerts-Van Kempen finissent par trancher en leur faveur ne peut pas être considéré comme une défaite. La génération qui a grandi sur la route avec une selle de 24 heures a un avantage sur les jeunes coureurs explosifs dans les épreuves de 144 heures.

Cela va bientôt changer. Les metteurs en scène modifient leur programmation et proposent des chansons plus courtes et plus rapides. Le spectacle revu et corrigé fait son chemin et les affaires - jusqu'à l'avènement de la télévision - tournent au ralenti.

À chaque réunion, toutes les guichets d'entrée s'ouvrent et des boîtes à chaussures pleines d'argent sont transportées vers les bureaux des directeurs.

Lorsque l'archange Gabriel devient champion de France de vitesse pure à 40 ans, Thys envisage lui aussi de passer à autre chose. Gabriel Poulain se réfugie à Berlin pour éviter de faire son service militaire. La trahison de son pays lui fait perdre sa licence de cycliste. Il devient alors pilote d'avion et s'enfonce le nez dans le sol à deux reprises. L'archange ne meurt pas, bien au contraire. En 1921, Gabriel s'envole à trois mètres du sol avec son vélo-aviette. L'hybride vélo-avion lui convient encore mieux. Les concours d'aviettes se multiplient en France pendant une décennie.

Grâce à une vis située sur le pignon arrière du vélo, les fantaisistes tentent réellement de se détacher du sol et de flotter un peu. Ils aimeraient bien enlever les 10 000 francs-or que Peugeot distribue. Poulain les empoche avec prudence. Ce n'est pas cette valise de pièces qui manque à Peugeot pour ne pas être dans le rouge. La grande marque a misé sur l'automobile, fait beaucoup de recherche et construit une nouvelle usine à Sochaux. Les ventes ne suivent pas.

L'équipe cycliste est devenue une collection de vieux briscards : toujours très populaire, elle n'est plus en mesure d'assurer le succès de la course. C'est le moment ou jamais d'arrêter et d'abandonner cette coûteuse affaire. Lorsque la famille Peugeot est en difficulté, on en arrive toujours au divorce ou à la réunification. La construction de vélos est séparée du groupe automobile et l'équipe cycliste disparaît de la scène.

Thys continuera-t-il ou non à courir dans ces conditions ? Il n'a jamais couru pour une autre maison. N'est-il pas trop tard pour chercher une autre équipe ? Klavervier Automoto de Saint Etienne est toujours intéressé. Le directeur sportif Baugé - qui vient de publier son livre d'entraînement Le Secret Choppy - insiste. Flup peut y travailler en tant qu'expert par expérience. Sans pression. Philippe doit faire passer Bottecchia, les frères Buysse et les enfants terribles Pélissier - qui sont maintenant trois - par la même porte. Une belle proposition, si ce n'est qu'elle s'accompagne d'une exigence concrète. Thys doit participer une dernière fois au Tour de France. Le nouvel employeur veut se faire de la publicité et remplir des annonces avec le triple vainqueur à l'approche du grand événement.

1925

Dix couchages
à Luchon

Philippe n'a pas l'intention de céder. La porte du Tour est fermée et c'est tant mieux. Mais l'idée d'une dixième participation et d'un anniversaire grandiose est annoncée comme un pot de départ dans la salle de bal de Versailles. Thys est massé comme un Wagyurund. Il peut dire au revoir au Tour partout et se montrer en tant qu'ambassadeur de l'Automoto dans toute la France. D'accord, la routine pure et simple fonctionne encore, du moins si je peux à nouveau porter le numéro 14 : sonne la décision révoquée. L'assentiment manque déjà de conviction. Le 14 est son dossard préféré. Flup portera le numéro huit fois et fera tous ses tours de victoire au Parc avec.

L'ultime préparation tourne mal dès le mois d'avril. Lors des Six jours de Paris, Frederickx fait une trop grande embardée dans un virage. Philippe se trouve au mauvais endroit et se casse une nouvelle fois la clavicule. La carrière de Thys en tant que passionné est jalonnée de nombreux malheurs. Des fractures de pneus et d'os qu'il subit également en tant que professionnel aux pires moments de sa carrière. Ce n'est que dans le Tour qu'il a enfin la chance de son côté à plus d'une reprise. Il n'y a pas lieu de s'inquiéter. Thys sait comment se préparer pour le grand tour. Il n'a jamais eu besoin de beaucoup de jours de course pour se mettre dans le rythme.

◀ Mottiat garde le moral lors de la deuxième étape vers Strasbourg, lors du Tour de France 1925.

Ce don demeure, même chez un vétéran. Le cyclisme mettra ensuite près de 100 ans à croire et à investir dans la science de l'entraînement hors course. Dix-huit étapes plus courtes sont au programme. Les Sables-Bayonne seront supprimées. Bordeaux devient ainsi le point d'arrivée. À l'est, Desgrange ne parvient toujours pas à rendre la fastidieuse dernière semaine plus attrayante. Les Alpes sont loin de Paris et les organisateurs ne veulent ni abandonner l'Alsace, ni renoncer à Dunkerque comme lieu de l'avant-dernière étape.

Bottechia s'impose à nouveau dans l'étape d'ouverture vers Le Havre. Alavoine, Thys et Bellenger arrivent ensemble, à plus de 20 minutes. Leurs compagnons de route, Christophe et Heuseghem, arrivent encore plus tard. Le trajet le long des plages jusqu'à Cherbourg n'est pas non plus de tout repos. Philippe doit réparer un pneu au moment du coup d'envoi de la finale de la course. La grinta a disparu. Il en va de même le lendemain, lorsque Bottechia appelle à l'aide et doit laisser le maillot de leader à Benoît. Henri Pélissier descend au Faou, bien nommé le fou. Il troque sa tenue de coureur contre celle de mécanicien, se recoiffe et repart en camionnette.

Sur les routes de Breizhe, il quitte définitivement le parcours avec lequel il a lutté plus souvent qu'à son tour. Dans la montée de Châteaulin, Thys doit déjà lâcher le rôle. Tout cela a-t-il encore un sens ? Tous ses amis de l'époque ont trop vieilli avec lui pour Tourtumult. Mais il y prend toujours plaisir : la foule le long des routes et les klaxons des suiveurs. Son nom résonne dans la foule comme autrefois. Les femmes en dentelle et les hommes en velours épais bravent le ciel gris et la bruine. Le mercure ne dépasse pas les 15 degrés pendant des jours. Evoquant des scènes de ménage, Thys mord dans le doute : comment cela se passerait-il avec Théo ? Dois-je lui acheter un beau petit train de JEP ? Maman réclamera une boîte de nougat dans sa prochaine lettre. Il faut donc que j'aille dans le sud.

Benoit sauve son maillot pour huit secondes. Thys, quant à lui, se promène à Vannes et arrive au contrôle en 82ème position, sauvé d'une faute à la dernière minute. Est-ce de la chance ou de la malchance ? C'en est trop pour le Tour. L'allure tranquille à travers les Pays de Loire jusqu'à Olonne est une aubaine. La ville balnéaire n'accueille les coureurs que par politesse et parce que Desgrange aime y réserver la même table dans un petit restaurant, selon la coutume annuelle.

Le nouveau Luxembourgeois Frantz s'est imposé pour la deuxième journée consécutive. Philippe s'est repris et a sprinté jusqu'à une belle septième place. Un deuxième casino est en préparation. La ville a d'autres projets et va enfin dire adieu à la cara-vane. Vers le nouveau port intermédiaire, les jeunes Pélissier et Thys parviennent à piloter leur leader italien à travers Cubzac en position idéale. La ligne d'arrivée se situe sur les contreforts cultivés de Bordeaux, où les vignerons manquent peu à peu de terres.

Le Tour ne peut pas encore entrer dans la ville. L'étincelle de l'amour n'a pas encore débordé. Automoto casse tout de même une bouteille de Côtes-de-Blaye, jusqu'à l'heureux dénouement. Le fidèle Barthélémy - qui a perdu un œil sur les routes du Tour - ne se présente pas au Pont de la Maye. Philippe perd à nouveau un compa-gnon de route de confiance.

▲ Thys tombe à plat juste avant que le final de la première attraction ne se déchaîne.

▲ Les "vétérans du Tour" en tête de peloton. Jules Deloffre, Jean Alavoine, Eugène Christophe, Philippe Thys.

▲ Buyze, Bottechia et Benoit à Roque-
vaire, lors de la 12ème étape.

Dans le raidillon du Moulin, Bottechia n'a pas d'opposition. Thys est le dernier pion à lancer le leader dans la montée. Bot chronomètre la sortie de Benoit du jaune. Le Tour se repose et passe par la botanique : là où les hortensias sont plus épais que les choux-fleurs. Les juges des Pyrénées grondent en arrière-plan. A Saint-Jean-Pied-de-Port, le soleil se lève pour tout le monde. Les auberges et les terrasses basques invitent Thys, bien plus qu'avant. La course se poursuit. Philippe décide de suivre. Adelin Benoit n'a peur de personne et choisit d'attaquer avec trop d'assurance. Bot est obligé de se joindre à la course et il est à bout de nerfs dans la dernière montée. Benoit est à nouveau en ligne pour le jaune. Thys peut se contenter d'une place dans le ventre du peloton. Il a franchi les murs de sécurité, regardé dans l'abîme et profité du paysage. Il s'agit peut-être de sa dernière randonnée à vélo dans les montagnes. Au-dessous de lui, des troupeaux crémeux et des crabes à poils longs - qui fournissent du lait frais aux bergers - s'ébattent au rythme des charges. En 22, il avait aussi regardé en bas d'un étage et avait pu s'imprégner d'un peu d'atmosphère : se détendre dans la perte. Puis, de temps en temps, une vague de colère et de frissons traversait son esprit, sans pouvoir trouver de soupape.

Le soleil et la grêle alternent, tandis que les amateurs de cyclisme sont conduits en bus sur la pente pour applaudir le spectacle du tour de piste. Est-ce là que le Bruxellois a eu l'idée d'acheter un autocar ? Les occasions de philosopher ne manquent pas. Aux côtés de Jacquinot et du toujours souriant Mottiat, il pagaie parmi les touristes-routiers jusqu'à la vallée. Dolle Benoit est déjà lessivé. Mais qui est donc ce Wallon ? Un farouche gaillard, élevé au charbon du Pays Noir. Vainqueur de Bruxelles-Liège et champion de Belgique indépendant. Quelqu'un qui veut toujours courir. Il a renforcé la sortie de son premier Tour, avec une deuxième place dans Paris-Bruxelles. Avant le départ pour Perpignan, Thys salue Bellanger, Christophe et Alavoine. En tant que Français, ils ont l'honneur de leur tour et se donnent chaque jour à fond avec un grand cœur de guerrier, même s'il bat tranquillement trop vite pour être sous les feux de la rampe. Pourtant, Philippe est secrètement jaloux. Il

▲ Franz tombe. Le signal pour les frères Buyze de commencer à traîner en tête de peloton.

▲ Dans la plaine de la Crau, les coureurs du Tour de France croisent un groupe de coureurs participant au "Circuit du Midi" local.

n'est pas français et ne trouve plus la motivation. Depuis hier, un sentiment de fin de siècle s'est emparé de lui. Sous la pluie, il appose laconiquement sa signature sur la feuille de course.

Quelqu'un a déjà remarqué qu'il s'agit d'un gribouillage d'adieu désinvolte. En passant devant la dernière maison de Luchon, le grand Françis cherche Thys. Ils se concertent, mettent pied à terre et tournent à droite. Jacquinot, seul à Dilecta, les suit en voiture. Sortie. Bottechia n'a pas besoin d'aide, reprend le jaune cette nuit et arrivera sans encombre à Paris. L'hôtel est prévenu, la valise pour Bruxelles est déjà faite. Nice la chérie était encore un objectif, mais l'émergence d'un fluide dans le genou fait prévaloir la raison. Arriver au bout des étapes n'aurait peut-être pas été un problème, mais quiconque a déjà traversé en double les villages du sud hésite à renoncer à son statut.

Philippe reste un autoprotectionniste né. Trop c'est trop. Avant que les choses ne prennent de l'ampleur, l'homme en question doit faire preuve d'intelligence. Pour les fêtes de fin d'année, Bruxelles a mis sur pied un parcours de 12 heures sur le vélodrome d'hiver. L'événement manque d'allure et d'enseigne pour remplir suffisamment de places. Le genou est reposé et Thys est grassement payé pour se mettre en selle.

Lorsque Budts et Desmedt s'accrochent, Flup plonge. Après une demi-heure de récupération sur un brit neutralisé, il remonte sur la moto. Ça ne marche pas. La moto devient noire sous ses yeux et la douleur est insupportable. Philippe se doute bien de ce qui se passe. Quelques instants plus tard, le speaker Joseph - le ténor du Palais des Sports - prévient que Thys est parti à l'hôpital pour une fracture de la clavicule.

PHILIPPE THYS

1925

Pièces détachées
Opel

La démilitarisation progressive de la province rhénane donne à temps un peu d'oxygène au cœur de l'économie allemande. L'interdiction d'exporter n'est rien d'autre qu'une politique protectionniste honteuse, présentée comme une punition. Opel est le leader du marché national des véhicules à moteur et des bicyclettes. À Russelheim, on n'a pas attendu pour planifier et moderniser. La mécanisation des pneus est en bonne voie. La production de masse peut commencer et sera à la gorge des autres pays européens dans les secteurs de l'automobile et de la bicyclette.

Les fabricants français de bicyclettes, complaisamment au sommet depuis des décennies, sont confrontés pour la première fois à une forte concurrence. Le géant allemand a investi massivement dans des concepts innovants et lance des types de vélos civils plus légers et plus solides que tous les autres. Pour renforcer son excellence commerciale, il investit dans une véritable équipe cycliste au sein de l'AG, avec des amateurs allemands et des pro Gay italiens comme mentors. Grassin remporte le championnat du monde de stayer sur une Opel jaune : la discipline par excellence dans laquelle un vélo doit montrer sa fiabilité.

En 1926, Van Hevel, Vermandel, Bellenger et Belloni rejoignent l'écurie de course. René Vermandel se hisse rapidement au sommet. Il effectue souvent des courses d'entraînement avec Thys. En cours de route, la question de savoir si Flup n'aimerait pas parfois l'accompagner en Allemagne, pays totalement inconnu, lui échappe gracieusement. Que faire, deux fractures de la clavicule plus tard ? Theo poussant comme un chou, c'est peut-être le moment idéal pour se lancer dans les affaires, alors que son nom sonne encore comme une cloche. Philippe aime toujours faire du vélo, mais n'est-ce pas par habitude ? Dans son esprit, n'a-t-il pas secrètement cessé d'être un cycliste à temps plein sans l'admettre ? Tous les coureurs ont rendez-vous avec ce moment terrible. S'accrocher à la désagréable constatation qu'il vaudrait mieux arrêter et mordre la balle... et finalement ne jamais être tout à fait prêt. Même Thys, qui sait toujours très bien ce qu'il veut, n'y arrive pas. Malgré des offres lucratives, Flup a parfois envie de sortir sa moto. La famille peut en vivre et la moto est toujours entretenue quotidiennement. Suffisamment pour ne pas être emportée n'importe où, car son caractère orgueilleux ne le permettrait jamais.

La négation et l'habitude prévalent. Philippe ne signera pas de contrat d'un an avec Opel, mais il est prêt à accompagner Vermandel dans un certain nombre de courses à l'étranger. Sur le plan national, il se rendra sur la piste entre les courses. Il s'agit d'un compromis, d'un scénario de fin de carrière qui laisse suffisamment de place pour repousser l'irrévocable pendant un certain temps. Vermandel ne le laissera pas tranquille. Flup ne serait-il pas d'accord pour les dépanner à Milan-Sanremo ? Vauxhall doit se battre sur deux fronts : le même week-end, il y a aussi le Ronde van Vlaanderen. La liberté est toute relative. Nous ne commencerons certainement pas comme ça : suggère Thys.

Mais la demande caresse aussi sa vanité. Le 23 mars, il monte à Milan et suit comme un jeune poulain bien au-delà de Savonna. Quand, à Alassio, le rythme s'accélère et que les choses commencent à onduler trop souvent, il laisse filer la bande. Il ne reste plus à Belloni qu'à tirer son épingle du jeu dans la finale. Mission accomplie. Au Kriterium de Stuttgart, il roulera pour Vermandel. Kriterium est la traduction allemande d'un parcours de 300 kilomètres. Thys roule dans le peloton de tête jusqu'à la ligne d'arrivée et doit arracher les pierres à son ami René au terme d'un sprint mortel. Il ne fait certainement pas les classiques françaises. La Rundfahrt de Chemnitz à la fin du mois de juin, c'est lui qui la fait. Belloni remporte les fleurs et Philippe se fraye un chemin jusqu'à la cinquième place. La ceinture se détache alors pour un temps. Les réunions de pistage à Mariaburg, Genappe, Courtrai et Sas van Gent maintiennent le cadre solide. Si nécessaire, ils s'entraînent tous les jours sur des circuits allant jusqu'à 100 km, via Halle vers les collines du Borinage ou avec Vermandel le long du canal et de l'Escaut jusqu'à Hoboken. Lorsque le tour des indépendants s'arrête à Hoboken, tous deux sont des invités bienvenus qui attirent l'attention, et non pas le peloton entravé.

Le Brussel Sportif peut encore compter sur Thys pour l'épreuve interclubs. Baudot a fait beaucoup pour lui et il ne l'oubliera jamais. Alors que les feuilles tombent et que

▲ Présentation de l'équipe cycliste Opel au Rütt Arena. De gauche à droite : Van Hevel, Gerard Debaets, Gaston Debaets, Jaquinot, Vermandel, Blanchonnet, Ville, Ibron, Sellier, Zanag, Belloni et Thys.

l'obscurité s'installe, la question de la marche à suivre se pose à nouveau. En 1927, Opel lève le pied. Avec la ZR3, une moto de course en acier sans soudure fait son entrée sur le marché. Le nom fait référence au Zeppelin populaire de sa propre fabrication, qui a traversé l'océan en douceur et a donné un torticolis aux New-Yorkais. Le plus grand manager de la scène cycliste, Alphonse Baugé, est recruté. Il doit passer un contrat avec une sélection de cyclistes professionnels à qui dire "U". Le Français cherche dans son carnet d'adresses le o-p-q-r-s-t ... envoie une lettre et demande une interview. Et si en Allemagne on veut le dreifache Tour-Sieger dabei wollen ... Philippe ne peut pas gagner plus à la fin de sa carrière qu'avec le futur géant allemand. Lorsque Baugé arrive à Bruxelles et commence un exposé dans son style bien connu, Thys cède. Mais il sait mieux que quiconque quelle boîte d'arguments bien sentis le renard va ouvrir. Flup dit oui : avec des réserves. L'offre est intéressante, mais elle implique de nombreux déménagements. Les Allemands veulent le voir régulièrement dans leur heimat, mais la préparation physique est-elle encore suffisante ? Baugé - lui-même autrefois un pisteur raisonnable - se moque des arguments et propose à Thys de tester les courses en couple de 100 kilomètres à partir du mois d'octobre. En raison de l'afflux de coureurs, Bruxelles, copiée sur Paris, met en place des qualifications pour les Six Jours. Philippe force en douceur une place. Il peut encore le faire.

Les six vont de l'ancien au nouveau. Philippe est encore coureur en 1927, aux côtés de Marcel Boogmans. Le citadin fait partie d'un célèbre trio bruxellois. Avec son frère René, il passe très tôt aux circuits ovales des États-Unis, où il y a beaucoup de dollars à gagner à l'époque. Les courses de six jours sont en plein essor sur la côte est des États-Unis. Fientje Boogmans est l'épouse de Piet Van Kempen. Le Néerlandais est entré dans le monde des petites courses par l'intermédiaire de son amie de cœur.

Fientje est son chef d'entreprise et, avec une grande prestance et une sacoche gourmande, il entre sans frapper dans les bureaux des directeurs de pistes pour récupérer l'argent que Hubby a fait circuler à vélo. Les Thys-Boogmans se joignent à eux, par routine. Ils se font remarquer tous les jours et restent à bord pendant 144 heures pour un classement solide. Un top 5 serait fantastique et inattendu. Desmedt lance Snel De Gelas - le père de Susse, futur attaquant d'Anderlecht - pour le sprint final. Ils prennent quelques points et relèguent les Bruxellois à la sixième place. Baugé peut dormir sur ses deux oreilles. Son fils Philippe a encore assez de sauce dans les jambes pour convaincre les dirigeants allemands. Il n'y a pas de retour en arrière possible. Les valises pour l'Allemagne sont prêtes. Au printemps, les coéquipiers se retrouveront dans la Rûtt-Arena. Van Hevel, Vermandel, Sellier, les frères Debaets, Zanaga, Belloni, Blanchonnet, le noir Ibron et quelques jeunes allemands et autrichiens : une troupe impressionnante. Philippe va empocher beaucoup de Reichsmarks, mais il doit être performant. C'est aussi sa conviction. Il ne veut en aucun cas être au départ comme une sorte d'attraction grinçante. Le cyclisme allemand est fort et pourtant sous-estimé à cette époque. Il y a des coureurs talentueux et un bon calendrier de courses de longue distance. Les frères Kohl, Wolke, Tietz et Huschke savent un peu pédaler, mais ne sont pas autorisés à faire leurs preuves au niveau international. Un embargo politique et sportif est toujours en vigueur. Les courses locales ne parviennent pas à s'imposer. Après la Première Guerre mondiale, les établissements sombrent dans la dépression économique et, après 1933, ils sont déjà mal vus. Ils ne sortent pas de leur isolement. Le 22 mai, Hanovre-Brême-Hambourg est un drive-in sur mesure pour Van Hevel. Dans la Harzronde, une semaine plus tard, Vermandel gagne les doigts dans les poches. Thys est huitième.

Là, on apprend que Bottechia a été retrouvé sur une route de campagne, roué de coups et luttant pour sa survie. L'ours ne s'en sortira pas. Personne ne sait exactement ce qui lui est arrivé. Philippe regrette la bagarre à l'école de quartier de Perpignan. Il n'a pas le temps de s'interroger. Erfurt, Leipzig, Berlin... das gelbe tricot doit concourir partout. Thys retrouve la joie nécessaire pour que descendre de vélo ne soit plus une habitude. En juillet, il est enfin de retour à la maison.

▲ Stockelynck, Thollembeek et Boogmans

▲ Marcel Boogmans

▲ Pendant les six jours de Paris.

Le Conseil des Journées du Limbourg est une course pour rester en forme, car bientôt le nouveau heimat vous appellera à nouveau. Les amis des Riders de Sint Truiden font grise mine. Avec 17, ils partent pour Tongres. Seul le nom de Thys compense. A partir de Borgloon, il y a des bouts de montagne pointus et Flup se met à pédaler. Thysmans et Dossche suivent. Vers Maaskant, il repart, cette fois avec Deschepper et de nouveau Thysmans. Après avoir traversé les dernières communautés minières, il se dirige vers Tirlemont et Diest. Philippe sait qu'il doit garder sa dernière cartouche dans sa poche le plus longtemps possible. A Nieuwerkerken, il sort le marteau, prend élégamment 200 mètres et remporte sa dernière course sur route avec une bonne minute d'avance sur le jeune géant Jef Wauters.

Sur la piste d'Enghien, Philippe vient encaisser un nouveau contrat, en route vers Flers en Normandie. Après l'omnium avec Van Inghelgem près de Camembert, Charles Meurger l'attend sur le chemin du retour, pour un dernier camp à Roubaix. A La douce, la légende du Tour fait encore parler d'elle. Rebry-Thys a pris un départ exceptionnel en août sur la piste de Maldegem. En une heure de course en solitaire,

Thys est à nouveau le meilleur. Il n'y aura pas d'usure : il faut s'équiper et rouler jusqu'à Dresde. Flup le digère Wunderbar : parce que la fin est en vue. C'est décidé. Dans l'orbite de Florence sur l'Elbe - dont le baroque frisé est alors intact - la nouvelle Allemagne donne le ton. Nebe et Remold se font mousser et font preuve de caractère. Thys glisse bêtement sur les pierres humides du Zaschendörfer Wald et revient en boitant. Il devra annuler quelques contrats de pistes propres. C'est sa dernière année. C'est certain, mais ce n'est pas ainsi que l'on fait ses adieux. Dans le piquant 1000 Ans Gembloutois, il faudra être de bonne humeur pour suivre l'ancien. Avec Debaets comme compagnon, ils poussent fort sur chaque pente. Au quatrième tour, Phillipe perd sa chambre à air. Il se bat et se rapproche encore de la ligne d'arrivée. Mais continuer à sprinter, c'est trop. La septième place n'est pas très satisfaisante. La situation n'est pas différente. Lors des championnats de Belgique à Brasschaat, Thys prend définitivement congé. Avec Mortelmans, Delbecque et Matton, une nouvelle génération monte sur le podium.

Il n'y aura pas de grande réunion d'adieu. Dash ci-dessous. Demain commence une autre vie. Le triple vainqueur du Tour a pris toutes les précautions dans sa ville natale d'Anderlecht et devient vendeur-garagiste de bicyclettes. Plus tard, il crée une entreprise de bus. Sur la Chaussée de Mons, un immeuble d'habitation se dessine avec de grands garages et des bureaux au fond. Lorsque, à la fin de l'été 1930, le Jubelstadion (le nom Heyzelstadion date de bien plus tard) ouvre ses portes, Thys de Mey se trouve également sur le toit.

Afin d'obtenir un revenu régulier, Philippe se porte candidat à la location de la ligne de bus vers les hippodromes avec son premier bus Jonckheere sur châssis Dodge. A bord, 23 personnes peuvent prendre place. L'équitation est toujours aussi populaire parmi les Bruxellois. Boitsfort, Dilbeek et Groenendaal, Stokkel et Zellik proposent à tour de rôle des après-midi de compétition. Le par direct ou den tiercé, devient une véritable maladie capitale. On zennen trante-e-un (le meilleur de Pâques) ou sous le couvert de ne gruute chapeau weekly on de Pjeerekoers goen, c'est à la fois l'ébat et le divertissement populaire.

La mère est décédée en décembre 1935, la veille de la Saint-Nicolas. Théo aurait pu y mettre un autre panier. C'est calme dans la nouvelle maison. Maman a toujours dû faire des pieds et des mains pour élever les enfants. Lorsque Philippe est devenu un grand pilote, il n'y a plus eu de problème d'argent, mais beaucoup d'absences. Cela a créé plus qu'un lien mère-enfant. Elles étaient alliées. Maman devait très souvent se débrouiller seule et était donc complètement épuisée à 64 ans.

En 1936, la première semaine du congé payé arrive et les employés de bureau osent déjà partir quelques jours à l'étranger. Pas trop loin, car ils supposent qu'ils n'aiment pas la nourriture qui y est servie. La prévoyance de Thys commence à porter ses fruits. Il a également acheté aux chemins de fer locaux une Citroën avec plus de sièges et un autocar d'occasion Wiesse, afin d'étendre le service régulier. Les sociétés qui organisent des excursions d'une journée remplacent de plus en plus le train par un bus à bascule qui vient les chercher à la porte du lieu de réunion et les y dépose.

Philippe suit toujours un peu le cyclisme de loin, via le Bruxelles Sportif. Lorsqu'on lui demande de tenir le marteau, il ne peut pas refuser. Mais très vite, il invoque ses occupations pour passer discrètement à une position de conseiller sous le vent. Un oui soupirant de Thys est parfois la version polie d'un non dans les curseurs. En gagnant du temps, il a aussi mené ses concurrents par le bout du nez. C'est pourquoi l'objectif final n'en est pas moins irréprochable. Ne pas se faire d'ennemis directs est parfois plus gratifiant que d'avoir des amis solides.

En 1938, Philippe suit quelques étapes du Tour après une longue insistance. Depuis la banquette arrière, il critique le fractionnement systématique des étapes et des distances, les embardées vers les pays voisins et les villes sans cesse renouvelées. Le Tour est en train de perdre son caractère exceptionnel et son héroïsme. Sans cela, le sport n'a pas d'avenir : conclut hâtivement le recordman. Il s'accroche à l'époque des pionniers et réprime trop facilement son sens des affaires, par ailleurs novateur. Parce que le sportif égoïste qui sommeille en lui veut enfin s'assurer l'exclusivité de ses propres exploits ? Les éléments constitutifs de l'ADN nécessaires pour devenir un athlète de haut niveau empêchent les célébrités d'implorer la reconnaissance d'autres personnes et d'autres époques. Il faut l'accepter derrière la ballustrade : même de la part des plus câlins.

Des années après son introduction, Thys ne croit toujours pas à la formule nationale : elle n'apporte aucune clarté et les directeurs d'équipe sont des marionnettes qui ne peuvent pas prendre de décisions. Ils n'ont pas le droit de choisir les coureurs avec lesquels ils iront au Tour, et encore moins de préparer les talents pour la course par étapes.

Flup a été invité un jour à diriger l'équipe du Tour. Lorsqu'il a posé ses conditions, les contacts ont été rompus. Cela le laisse froid. La course est devenue une préoccupation secondaire. Il commande un quatrième véhicule à ses vieux amis d'Opel, un modèle beau et confortable : le Blitz. La Krieg suivra bientôt.

1946

Venez me voir immédiatement Va chercher !

Au cours du mois de février 1946, Thys assiste, dans les gradins de la salle de pelote du Fronton, à la première rencontre internationale de basket-ball féminin belge. La salle Jai Alai, aux couleurs basques, semble combative. Le lieu semble avoir été choisi principalement pour effrayer les Parisiennes. Le fait que la chaudière fonctionne avec des tickets de rationnement et ne reçoive pas de charbon de cave n'est pas propice à un beau panier. Les jeunes femmes belges ont besoin de cette manne.

Philippe veut voir à l'œuvre son cousin José, 22 ans à peine. Le rejeton de Thys joue un jeu remarquable, empêchant la sauteuse Colchen de participer au match et permettant à la redoutable Arlette Reni de ne marquer que 13 fois. La Belgique bat à la surprise générale l'équipe française, plus mûre, sur le score de 41 à 38. Un moment sportif émouvant sur la route des pierres de Wavre mérite un gros demi dans la ville basse. La course n'est plus d'actualité. Il n'y a pas de Tour à venir et il y a d'autres choses à faire.

L'activité des autocars doit être relancée après les années de misère de l'occupation. La pénurie de carburant joue également un rôle important à cet égard. Prendre un bidon d'essence supplémentaire, c'est faire la différence entre passer devant la concurrence ou rester immobile. Deux journaux parisiens envisagent d'organiser une course par étapes d'une semaine à travers la France. En fait, cette histoire n'a rien à voir avec le cyclisme. Il s'agit d'une vaste machination politique qui se déroule en coulisses, où tout le monde tire à hue et à dia sur le drapeau français. Les communistes du côté rouge, le gaullisme naissant du côté bleu. Le mauvais exemple de l'aller-retour de 1919 que Desgrange a poursuivi coûte que coûte à travers un pays disloqué est l'argument que Thys utilise partout pour refouler les habitués impatients et les journalistes avant-gardistes. Tout le monde veut retrouver le Tour de France le plus vite possible. L'ancien vainqueur affirme avec audace que ce n'est pas encore possible et que ce n'est pas souhaitable.

Le premier Tour de l'après-guerre n'aura lieu qu'en 1947 et sera entièrement consacré à la victoire des Alliés. Le nouvel homme fort Goddet joue avec l'idée de mettre la nation cycliste néerlandaise limitée dans une équipe mixte avec les Britanniques. Les Néerlandais ne sont pas très enthousiastes à l'idée de fusionner avec des footballeurs gauchers et préfèrent s'enrôler dans la Légion étrangère.

La presse spécule depuis des mois sur qui sera ou ne sera pas présent. Le tour suscite un énorme enthousiasme. Les gens sont impatients, ils ont envie - après des années sombres - de se divertir et de faire de l'exercice. Bart Lotigiers, le nouveau responsable des sports du quotidien Het Volk, a réussi à convaincre l'éditeur ACV d'imprimer chaque jour une édition supplémentaire en soirée. Le Tourgazetje est distribué par des garçons de rue dans tous les quartiers.

Monsieur Philippe, toujours recordman, malgré ses occupations professionnelles, s'est laissé convaincre de suivre le Tour en tant que journaliste occasionnel et d'écrire un commentaire quotidien. Bien qu'il s'agisse d'un accord contractuel, Thys ne sait déjà plus où donner de la tête. Qui va s'occuper de tout cela pendant un mois ? Théo, la vingtaine, se berce de l'idée que tout se passera bien. De toute façon, c'est une période chargée. Juillet est le mois des vacances. Le service régulier, conduire les enfants de la classe ouvrière à la colonie maritime, organiser des excursions d'une journée pour les associations locales qui veulent toutes voir les chutes d'eau de Coo et de Bastogne. L'industrie du voyage a de beaux jours devant elle. Flup déplore l'engagement stupide. Pourtant, sous l'impulsion d'un front intérieur confiant, il laisse tomber ses soucis et referme la porte d'entrée derrière lui. Kubler gagne l'étape d'ouverture vers Lille dans un four à air chaud. Le Suisse le paie dès

▲ "Et pourquoi pas la France, madame, c'est un pays propre". Philippe Thys donne des explications aux clients de son agence de voyage à Bruxelles.

le lendemain, sur la route de Bruxelles, lorsque René Vietto met en place un solo époustouflant dans une chaleur encore plus intense. La suggestion arrive trop tard, mais Marc Sleen - pour sa première année - aurait pu dessiner, sans exagération, un soleil dont les tentacules faisaient s'enflammer les maillots des coureurs.

Le Bruxellois Prosper Depredomme, désireux de gagner dans sa propre ville, réagit trop tard et, avec Impanis, arrive à den bos (le Bois de la Cambre) une bonne minute après le Français. Philippe se fait déposer à la maison, où ils éclatent de rire. Le lendemain matin, après le petit déjeuner, ils le font sortir subtilement en lui disant : oui oui oui, tout est encore sous contrôle et maintenant dégagez d'ici.

La chaleur reste étouffante. Sur la route du Luxembourg, Thys n'en croit pas ses yeux. Depredomme s'est enfoncé hier et a du mal à s'en sortir. La déception jouera un rôle. Pros s'éloigne. Philippe tape des mains sur son pantalon collant : whoa, abandonner sous le maillot national avant même que la caravane n'ait quitté votre pays.... on n'abandonne pas. Le recordman se déplace de gauche à droite sur le siège passager brûlant. Impanis, également à l'avant hier, n'avance guère et déplore à son tour les températures insupportables. Ray laisse faire au lieu de se ressaisir et de continuer à rouler. Un jeune puissant dans la force de l'âge. Il pourrait bien prendre le maillot jaune et au contraire se laisser souffler pendant 15 minutes : maudit soit Flup. Le fait que les Belges retiennent la chaleur avec leurs maillots noirs inappropriés n'est pas une raison. Thys rejette vivement ces balivernes : en 1911, nous avons parcouru le Circuit Français, quatre semaines entières par plus de 35 degrés, avec un lourd sac à dos rempli d'équipement sur notre rable (dos). À la fin de la troisième randonnée, il attrape le premier téléphone du Grand-Duché et appelle son fils Théo. Ce dernier fronce les sourcils à l'autre bout du fil, mais le message est clair : viens me chercher au Luxembourg ce soir. À la question de savoir ce qui est si urgent, Flup répond qu'il en a assez vu et qu'il peut déjà écrire son dernier article.

Thys ne veut plus comprendre le peloton professionnel et disparaît avec irritation de la caravane. Il se retire aussi de l'histoire un peu à la légère. Les faits lui donneraient tort et encore un peu raison. Vietto dort en jaune tous les soirs et rêve de victoires finales. Ce n'est que dans le plus long contre-la-montre du Tour à ce jour que René affronte Brambilla.

Impanis remporte ce crono et se rendra au Prinsenpark magique en tant que sixième et de loin le meilleur Belge. Raymond pouvait donc se ressaisir. Robic finit par gagner le Tour : en tant que leader de l'équipe bretonne, qui doit mener dans une France uniformément centralisatrice sous l'étiquette d'équipe de l'Ouest. Dans la dernière étape vers Paris, il détrône l'Italien. Pour mener à bien son attaque, toutes les équipes françaises sont engagées dans la bataille. Brambilla peut ne pas remporter la manche. D'un point de vue sportif, la direction ne pouvait pas refuser la participation des Italiens, même s'ils avaient fait fausse route. Mais il n'est pas question de gagner la manche maintenant non plus !

Fachleitner est l'inspirateur de la dernière journée. Il est majoritairement le plus fort, mais pourquoi ne suit-il pas sa propre voie ? Ne sonne-t-il pas trop allemand ? Edouard est également né en Italie, fils d'un Autrichien naturalisé français. Il n'est pas non plus bleu-blanc-rouge.

La résistance est partout à table dans la France libérée, et pour être un Français au-dessus de tout soupçon, il faut établir des lignées génétiques jusqu'en 1789. Goddet, en partie sous la pression de la résistance, continue de refuser à tout athlète germanique de participer à la ronde jusqu'en 1958. De cette manière servile, il peut purger une fois pour toutes L'Auto de 1940, devenu L'Equipe, politiquement terni.

1953

Le sceptre
par Ottokar

Thys ne se laissera pas abattre. Il a les mains plus que pleines. En plus de la compagnie de bus, il ouvre une agence de voyages sur le boulevard Anspach et fait la navette entre le cœur de Bruxelles et le dépôt d'Anderlecht. En voiture, Philippe passe d'un pays étranger à l'autre. C'est de plus en plus son truc. Il est toujours sur la route et pourtant il est partout chez lui. Cet art de vivre n'était-il pas aussi le test suprême de sa réussite sportive ? Déjà à l'époque, il pouvait tranquillement se poser, manger et dormir n'importe où. Avec son épouse, il visite tous les hôtels où ses clients vont séjourner, négocie les prix et les repas, fixe les chambres et goûte la cuisine locale au préalable. À l'Hôtel de Rome, à Paris, le couple est un habitué. Philippe y rend régulièrement visite à sa nièce, amie intime de Maurice Chevalier. Les années passent dans un sentiment de vacances éternelles. Une vie soigneusement gérée avec bon sens, telle est la devise de Thys. Traîner dans l'oisiveté et vieillir à la retraite ? Il n'y pense pas. Théo, les entraîneurs et le personnel, le Parrain des relations publiques. C'est ainsi que les choses se passent au sein de l'entreprise depuis un certain temps.

Les carnets de commande sont bien remplis : la citadine huppée en chapeau d'été souhaite se rendre sur la Côte d'Azur, les jeunes footballeurs fringants rêvent de sentir Paris et le club de pigeons veut s'envoler pour changer. Flup et Theo proposent une personnalisation : il y a des vayoges et des vayoges d'un jour. C'est un

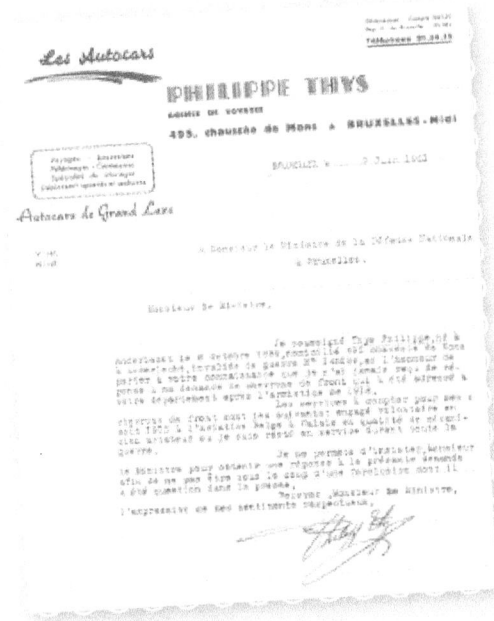

casse-tête pour garder tous les clients. Sans parler des groupes de résidents des Faubourgs, des caisses d'épargne des staminées, des commerces et des boucheries. Ce calandeze veut partir en excursion - moi den 21 ste ou avec la moitié de la récolte, de préférence - mais sans devoir dormir dans un lit étranger, parce que le magasin doit être ouvert demain. La caisse sonne en permanence sur la Chaussée de Mons, même s'il s'agit parfois de petits pourboires et de centimes durement gagnés.

Œil d'aigle Thys, a évolué - comme une bonne bouteille de gueuze - au fil des années vers un produit rond et corsé. Tous les signes de l'âge se sont transformés en sucres raffinés. Il ne perd pas sa bonne humeur. C'est nécessaire, car les bus tombent encore régulièrement en panne et la communication ne se fait que par de minces fils reliant de rares appareils fixes. Les distances prennent beaucoup de temps.

Les pistes de nécessité accostent sur des nationales étroites avec des camionnettes rampantes, souvent sur des pavés et en traversant des centres-villes. Ce n'est que vers la côte qu'il y a une bande d'autoroute. Beaucoup de Bruxellois renoncent à cet investissement et prennent le train jusqu'à la mer.

Le cyclisme a de moins en moins de temps à lui consacrer. Ce n'est que lorsque Van Hammée lui même ou Jean Van Buggenhout insistent vraiment qu'il vient encore parfois au palais des sports, pour remplir leur émission et passer quelques secondes sous les feux de la rampe. Van Hauwaert - avec sa fabrique de vélos à Groot Bijgaarden - est le seul ancien collègue avec lequel il garde un contact régulier. Cyrille possède une belle villa à Zellik avec une superbe pelouse. Si Flup croise un parcours quelque part dans la vallée de la Zenne, il lui arrive de sortir et de faire du klapke doeng, le temps de rester informé et d'empocher de nouveaux noms. Il n'a que rarement, voire jamais, le temps de rester jusqu'au cadeau floral. Le suivi des résultats se fait par le biais du journal. En 1953, il accepte volontiers l'invitation à la somptueuse cérémonie organisée par la tournée d'anniversaire. Il aimerait les revoir, tous ces bâtards sans sac. Qu'est-ce qu'ils ont grossi, ces ventres, maintenant ? Goddet fait venir tous les vieux vélos et véhicules disponibles et habille tout le monde en tenue belle-époque. Les retrouvailles sont cordiales, mais Thys n'a absolument pas envie d'une ambiance "les copains d'abord", n'en ayant jamais eu. De vagues accords sont conclus, comme dans toutes les réunions où le vin est plus qu'excellent et où l'on boit trop vite. Le lendemain, la galère est déjà derrière lui : un rendez-vous l'attend à Anderlecht.

Bobet remporte ce 50e Tour et est prêt à égaler Thys deux ans plus tard. Avec une victoire au Tour des Flandres et une troisième place à Paris-Roubaix, Louison est déjà au sommet au printemps 1955. Il porte le

▲ Une inscription sur une façade bruxelloise rappelle son glorieux occupant.

maillot mondial et est plein de confiance. Des victoires finales au Tour de Luxembourg et au Dauphiné le rapprochent de l'objectif. C'est précisément dans l'étape de Namur, sur les pavés du Nord, que le Breton montre qu'il est prêt. Celui qui peut gagner sur le terrain qu'il préfère le moins dans le Tour doit être super. Philippe n'a pas peur. Il sait déjà que cela se terminera par une gloire partagée.

Chaque jour, partout où il se présente, la même question lui est posée : Bobet va-t-il égaler votre record ... De Namur à Metz, neuf coureurs partent, dont un certain Antonin Rolland. Dans les Alpes, malgré tous les pronostics, l'outsider ne s'incline pas. En fait, il perd à peine du temps et prend la tête de la course. Bobet doit se méfier.

Sur le Ventoux, le Breton rattrape son retard et il reste les Pyrénées pour rectifier le tir. Des douleurs de selle infernales ébranlent le plan. La peau sensible de Bobet fait des siennes. Une forme exceptionnelle le maintient sur le vélo. A Saint Gaudens, Rolland capitulera. Brankart s'impose encore au Tourmalet, à l'Aubisque et dans le long contre-la-montre. Jean prend cinq bonnes minutes au classement, mais le Français endure une misère infernale et une gêne cuisante jusqu'à Paris. Il se hisse dans les annales du Tour aux côtés de Thys. C'est à ce moment précis et douloureux du choix phonétique des mots.

Une opération du dos s'ensuit, au cours de laquelle une sorte de gangrène est coupée à quelques millimètres des organes vitaux. Bobet avouera par la suite que le fait d'avoir parcouru le Tour 55 avec des médicaments drastiques avait terriblement miné sa constitution. Aucune guerre n'éclate en 1956 et Thys doit se préparer au pire. Mais Bobet ne gagne plus. Fragile et déjà dépassé par les nouveaux talents français, il doit souvent renoncer aux longues courses par étapes. Les conséquences de son envie d'accrocher une troisième victoire dans le Tour, sous l'effet de la malchance, ont rendu impossible toute nouvelle course de haut niveau.

Anquetil pourrait bientôt et sans cérémonie faire tomber Thys du trône avec ses cliquetis et ses claquements. Il ne touche plus les vêtements froids de Philippe. Philippe ne veut pas faire appel de l'équitation contestée de Jacques. Faut-il accuser le flamboyant Normand de se battre avec sa tête aussi souvent qu'avec ses jambes ? En tout cas, cette accusation ne pourra jamais paraître crédible ou méchante dans la bouche de Thys. Entre-temps, en 1958, les cochons de la fête sont à nouveau lâchés. De nombreux vainqueurs de tournois belges parcourent le site de l'Expo dans des voitures ouvertes. Le mariage entre l'Exposition universelle et le Tour commence à Bruxelles, puis se déroule en Vieille Belgique, un village de bois et de plâtre où c'est la fête foraine pendant six mois. Les clients n'attendent pas. Thys doit déjà être en route pour l'Alsace, la Forêt Noire, la Suisse ou les Alpes. Lors des voyages à l'étranger, les choses sont déjà plus conviviales. La conduite perdue avec lui en tant que convoyeur reste limitée. Flup a déjà parcouru tous ces chemins de pierre à vélo et derrière chaque virage se cache une histoire merveilleuse qui étonne ou fait rire tout le bus. En flamand et en français. Ses clients traversent encore la France où les routes reposent sur leur coffrage médiéval et se heurtent aux portes d'entrée de minuscules mairies. Sur les ronds-points ouverts d'aujourd'hui, autour des villages, le grain vacille encore.

Les problèmes sont présents chaque jour sur le chemin. Ils sont là pour être résolus. Il y a le personnel douanier gênant, la chasse d'eau des toilettes allemandes conflictuelles, la perfidie des boissons locales punitives ou la sensation désagréable de l'andouillette fumante. En manipulant très habilement les devises étrangères, les bons voyageurs veulent parfois se faire avoir. Pour beaucoup, l'étranger est encore à prendre au pied de la lettre. Les entreprises s'adaptent et cherchent de nouveaux marchés. Les écoles sont conduites au bain et les dîners de chasse remplissent l'automne vide.

En 1960, lors d'un voyage à Nice, Philippe est victime d'une hémorragie gastrique. L'opération et la rééducation sur place durent plusieurs mois. Il est temps de changer de rythme. La naissance d'un petit-fils l'aide à se remettre sur pied. La prunelle de ses yeux s'appelle Philippe : quelqu'un continue le nom. Bompa est aux anges. L'entreprise de la Chaussée de Mons, surchargée, où les bus ont toujours du mal à entrer et à sortir, passe entièrement à son fils Théo. Flup habite au premier étage. Il descend moins souvent les escaliers. Soudain, tous ses souvenirs sont sortis du garage et de la maison. Les pièces qui traînent dans des boîtes poussiéreuses, il ne les jette pas, ne les distribue pas, ne les chérit pas et ne les fait pas briller. Il est regrettable que certains documents uniques aient disparu à la suite d'un cambriolage. Un exemplaire de L'Auto entre autres, sur lequel tous les grands joueurs de l'époque avaient signé. Le Musée du Sport de Paris, qui vient d'être fondé par l'ami Jean Durry, est la destination finale idéale.

En France, on s'en occupera mieux qu'ici, laisse échapper Thys. Le vieil homme craignait-il qu'il soit manipulé sans précaution après sa mort ? Flup n'avait aucune raison de le penser. Mais s'il est convaincu de quelque chose, c'est ainsi que les choses se passeront. Un musée est le mieux placé pour assurer une bonne conservation, c'est pourquoi les objets sont transférés de ses propres mains.

Thys-Bobet ne devrait pas figurer sur les tables. 1961, 1962, ... Anquetil arrive rapidement à la troisième place et il n'est que le passage obligé. Il est peut-être temps de revoir le palmarès : maintenant que les équipes de marque mènent à nouveau la danse, les cols légendaires ont retrouvé le confort de l'asphalte et les images télévisées en direct changent le cours de la course. Même le vieux Parc des Princes devra céder sa place. Les projets de Boulevard pérephérique de Paris se concrétisent.

Le cyclisme entre dans une nouvelle ère, totalement différente de l'ère Thys. Chaque année, les Cars Thys se rendent à l'arrivée du Tour à Paris. C'est un numéro à succès, pour lequel ils disposent d'un coupeur de billets de choix. Ainsi, le samedi 13 juillet 1963, avec une certaine certitude, Philippe roule vers son dernier détrônement. Monsieur Crono a remporté Paris-Nice, le Critérium National, la Vuelta et le Dauphiné ce printemps-là. Goddet et Levitan se sont encore précipités au secours de Thys et Bobet, poussant les kilomètres du Tour contre la montre. Cela arrêtera-t-il la machine humaine ?

Les Espagnols ne sont pas polyvalents, Poulidor est jeune et entre les mains d'un banlieusard naïf, Gaul, Nencini et Bahamontes sont expérimentés mais vieux. Commenceront-ils encore cette année ? Miraculeusement, c'est le noir frisé de Tolède qui prend la tête sur le plat. Anquetil entre dans le premier contre-la-montre et remporte à la surprise générale l'étape du Tourmalet. Il grimpe mieux que jamais et dépasse l'Espagnol au classement.

Le menu alpin est difficile. Bahomontes doit y aller. Il prend le jaune à Val d'Isère. Les occasions et les cols abondent, mais ses vieilles articulations bloquent. Il ne parvient pas à creuser l'écart. Sur la raide Forclaz, parcours de la dernière chance, Crazy Gem - via un contournement du règlement - met le cap au pli. Anquetil feint la malchance et son directeur sportif linky lui remet un nouveau vélo léger avec des pions surdimensionnés sur le bloc arrière. Bahamontes n'arrive pas à décontenancer le Français et l'empêche même de s'emparer de l'étape et de la bonification. Les jeux sont faits, car il reste encore le luxe du long contre-la-montre.

Depuis la tribune principale, Philippe voit un troupeau de Belges plonger sur la piste et se lancer avec acharnement dans le sprint final. Van Looy bat finalement Beheyt. Le jaune fait tranquillement le tour de piste obligatoire et termine. Thys serre la main du charmant Jacques, chaleureusement, sans regret. Il est soulagé. Les questions gênantes vont enfin cesser. Cet automne-là, le vélo sur lequel il sillonne encore de temps en temps les rues d'Anderlecht est mis au rancart. La mère, l'épouse, doit être stricte. Les personnes âgées n'ont plus leur place sur une bicyclette au milieu de la circulation urbaine de plus en plus dense. Tut...tut...tut : même quand ils ont gagné le Tour. Mais qu'est-ce que c'est que cette histoire ? Un nouveau roi de la victoire s'est levé. Anquetil m'a passé, donc, ça ne vaut plus la peine de m'entrainer : plaisante Thys. Rester assis n'est toujours pas une option. Choyer le petit-fils l'est. Il est constamment autorisé à participer aux sorties. Tous les jours, si maman le laisse faire. Philippe I ne reste pas éveillé tous les jours à cause de la course et ne veut rien imposer à personne, mais... N'y a-t-il pas un coureur dans la prunelle de ses yeux ?

Philippe II a l'occasion de choisir des vélos neufs et propres en permanence. Les anciens magasins de vélos de course qui accueillent à bras ouverts le duo rapide et bavard sont nombreux dans la région. Mecano par excellence, Charelke Terryn dans la rue Birmingham ou quelques maisons plus bas sur la route de pierre, Den Hollander, Jef Dominicus et sa fille chanteuse Tonia. Mais le petit-fils Lief ne s'y retrouve pas et le fils Théo s'énerve : arrête de gâter le gamin. Le petit a des problèmes respiratoires chroniques. Le fils et la belle-fille s'installent à Beersel, dans un environnement sain.

Il y a donc un vide à la gare routière. Thys est fatigué, laisse plus souvent sa voiture à l'écurie et est victime d'une petite attaque lorsqu'il revient d'un service aux cadavres dans le froid mordant. Un signe révélateur. De vieux amis viennent encore à la maison : des bijoutiers suisses, des hommes d'affaires français et allemands de l'intérieur et de l'extérieur du cyclisme, des amis de quelque part sur la route. Ils sont toujours bien accueillis, grâce aux talents de cuisinière de la belle-fille. Sur la table de la salle à manger, on trouve de l'Alsace mûre, du Bourgogne corsé et de l'Armagnac moelleux. Pour la première fois de sa vie, Thys doit se ménager. Les exploits du dieu belge et demi-bruxellois Eddy le fascinent. Il rencontre Merckx à plusieurs reprises, l'encourage et le conspue contre les charlatans et les sous-performants. Mais il évite les forums publics, les foules et les sorties.

Le jour de ses 80 anse , Philippe a reçu en cadeau de son ancien employeur Peugeot le dernier modèle de l'écurie de course, aux couleurs jaunes de l'époque, fabriqué sur mesure. Cela lui fait plaisir. Sur la Chaussée de Mons, la famille réunie le pousse vers le pont du canal au coin de la rue. Thys crie après : da Merckx doit maintenant s'accrocher aux branches du buume. Moins d'une minute plus tard, il est de retour, ému et pleurant presque à cause de ce beau cadeau. Mais Flup n'est pas satisfait de sa performance et en descendant de vélo, il souffle : "N'est-ce pas étrange que j'aie escaladé tant de cols l'un après l'autre et que maintenant je ne puisse même pas monter le léger début du pont ...".

La fuite de l'impermanence est pratiquement son dernier acte actif. Le feu sacré s'éteint plus vite que prévu. Le puissant homme devient comiquement silencieux. Il ne quitte plus son siège et s'endort pendant les retransmissions cyclistes en direct. Peu après le Nouvel An 1971, il se sent très mal. Problèmes cardiaques. Il abandonne, ne veut plus se battre. Les visites à l'hôpital ne sont pas les bienvenues. Qu'on me fou la paix, qu'on m'a permis de tout vivre, et même plus que ça : c'est la froide justification de son abandon final. Pour un instant encore, il regarde en arrière, vers une vie fascinante au cours de laquelle il n'a que très rarement eu à dire merci, a visité partout et a rencontré le beau monde. Quel autre Cureghemchançard a eu cette chance inespérée ? Avec un matériel variable, il a fait chaque jour de sa vie la même chose : moyennant finances, parcourir rapidement et sûrement des distances et vendre aux simples mortels un peu d'illusion.

Après quelques jours à peine d'hospitalisation à la Clinique Saint Anne, Philippe Thys meurt le dimanche 17 janvier 1971 devant le conseil des jours. L'ancien recordman du Tour n'a pas assisté à son détrônement par son compatriote Merckx. Ce dernier est venu le saluer dans la chapelle funéraire de son domicile le matin de ses obsèques. La route en briques, très fréquentée, est fermée à la circulation pendant un temps très court. Thys reçoit la priorité générale pour sa dernière étape et une foule nationale et internationale vient lui faire ses adieux. Cyrille Van Hauwaert est le seul de sa génération à se tenir encore devant la tombe, murmurant un adieu tremblant. Pas de discours. Pas d'agitation. Des corbillards supplémentaires portent des fleurs et des couronnes. Thys avait pour marque de fabrique de toujours les recevoir calmement et paisiblement.

▲ Sur une scène devant l'Hôtel de Ville de Paris, les plus grandes légendes du Tour sont mises à l'honneur. De gauche à droite : Louison Bobet (1953 et 1955), Hugo Koblet (1951), Ferdinand Kubler (1950), Jean Robic (1947), Gino Bartali (1938), Roger Lapébie (1937), Nicolas Frantz (1927 et 1928), Eugène Christophe (3e en 1919), Lucien Buysse (1926), Firmin Lambot (1919), Philippe Thys (1913, 1914 et 1920).

Palmarès

Philippe Thys

Date de naissance: 08-10-1889
Lieu de naissance: Anderlecht (Brussels-Capital Region), Belgique
Décédé: 17-01-1971
Lieu du décès: Anderlecht (Brussels Capital Region),
Belgique
Cycliste professionnel de 1912 à 1927

Victoires

Total: 26

Piste - Courses de six jours : 1

Cross-country - Champion national : 1

Classement - Route -

Classement final : 4

Route - Étape : 12

Route - Contre-la-montre en couple : 1

Route - Concours : 7

Victoires par équipe/année :

1911: 1
1912: 0
1913: 2
1914: 3
1915: 0
1916: 0
1917: 2
1918: 1
1919: 1
1920: 5
1921: 1
1922: 6
1923: 1
1924: 1
1925: 0
1926: 0
1927: 1

Teams

1911   Indépendant (Unknown)
1912   Peugeot - Wolber (France)
1913   Peugeot - Wolber (France)
1914   Peugeot - Wolber (France)
1915   Individueel (Inconnu)
1916   Individueel (Inconnu)
1917   Peugeot - Wolber (Belgique)
1918   Peugeot - Wolber (Belgique)
1919   La Sportive (France)
1920   La Sportive (France)
1921   Stucchi - Pirelli (Italie)
1921   Pirelli (Belgique)
1921   La Sportive (France)
1922   Peugeot - Wolber (France)
1923   Peugeot - Wolber (France)
1924   Peugeot - Wolber (France)
1925   Automoto - Hutchinson (France)
1926   Individuel (Inconnu)
1927   Opel - ZR III (Allemagne)

Complete Palmares

1908   2ième in Tour de Limburg, Amateurs, Belgique

1909   2ième in Anvers - Menin, Belgique
1909   13ièmein Liège - Bastogne - Liège, Belgique

1910   3ième in Charleroi (Etoile Caroloregienne) , Belgique
1910   1er in Championnat National, Cross-country, Elite, Belgique,

1911   1er Classement général du Tour de France des Indépendants
        (Circuit Français Peugeot) , France

1912   6ième Classement général du Tour de France (Tour de France)

1913   1er in 6e étappe (Tour de France) , Luchon
1913   3ième in 7e étappe (Tour de France) , Perpignan
1913   3ième in 9e étappe (Tour de France) , Nice
1913   3ième in 10e étappe (Tour de France) , Grenoble
1913   3ième in 11er étappe (Tour de France) , Genève
1913   1er Classement général (Tour de France)

1914   1er in Paris - Menin (Parijs - Menen) , Belgique
1914   3ième in Paris - Tours, Tours (Centre), France
1914   1er in 1er étappe (Tour de France) , Le Havre
1914   2ième in 2ième étappe (Tour de France) , Cherbourg
1914   3ième in 5e étappe (Tour de France) , Bayonne
1914   2ième in 6e étappe (Tour de France) , Luchon
1914   3ième in 7e étappe (Tour de France) , Perpignan
1914   3ième in 9e étappe (Tour de France) , Nice
1914   3ième in 11er étappe (Tour de France) , Genève
1914   3ième in 14e étappe (Tour de France) , Dunkerque
1914   1er Classement général (Tour de France)

1917   1er in Paris - Tours, Tours (Centre), France

1917   1er in Giro di Lombardia (Il Lombardia) , Italie

1918   1er in Tours - Paris (Blois - Chaville) , France

1919   1er in Brussel/Bruxelles, Six-days, Belgique + Marcel Dupuy

1919   2ième in Paris - Roubaix, Roubaix (Nord-Pas-de-Calais), France

1920   3ième dans la 1er étappe (Tour de France) , Le Havre

1920   1er in 2ième étappe (Tour de France) , Cherbourg

1920   2ième dans la 4e étappe (Tour de France) , Les Sables-d'Olonne

1920   2ième dans la 5e étappe (Tour de France) , Bayonne

1920   2ième dans la 6e étappe (Tour de France) , Luchon

1920   2ième dans la 7e étappe (Tour de France) , Perpignan

1920   2ième dans la 8e étappe (Tour de France) , Aix-en-Provence

1920   1er dans la 9e étappe (Tour de France) , Nice

1920   1er dans la 12nd étappe (Tour de France) , Strasbourg

1920   1er dans la 13ièmeétappe (Tour de France) , Metz

1920   2ième dans la 14e étappe (Tour de France) , Dunkerque

1920   2ième dans la 15e étappe (Tour de France) , Paris

1920   1er Classement général (Tour de France)

1921   1er (+Rossius) Parijs-Dijon (= G.P.Sporting)

1921   2ième Classement généralg Giro della Provincia Milano (b), Italie

1921   1er Critérium des As, France

1921   3ième Bordeaux - Paris, France

1922   2ième Championnat National, Route, Elite, Belgique, Spa

1922   1er Paris - Lyon (GP Sporting) , France avec Jean Alavoine

1922   2ième dans la 2ième étappe (Tour de France) , Cherbourg

1922   1er dans la 4e étappe (Tour de France) , Les Sables-d'Olonne

1922   1er dans la 8e étappe (Tour de France) , Toulon

1922   1er dans la 9e étappe (Tour de France) , Nice

1922   1er dans la 10e étappe (Tour de France) , Briançon

1922   3ième dans la 13ièmeétappe (Tour de France) , Metz

1922   1er dans la 15e étappe (Tour de France) , Paris

1922   14e Classement général (Tour de France)

1923   1er in Paris - Lyon (GP Sporting) , France
        avec Jean Alavoine and Nicolas Frantz
1923   3ième 4th stage of Tour de France, Les Sables-d'Olonne

1924   2ième dans la 3ième étappe (Tour de France) , Brest
1924   2ième dans la 7e étappe (Tour de France) , Perpignan
1924   1er dans la 9e étappe (Tour de France) , Nice
1924   11ièmedans la Final ranking (Tour de France)

1925   3ième in Brussel/Bruxelles, Six-Jours, Belgique

1927   1er in Sint-Trond ("Limburgse Dageraad") (Limbourg), Belgique

Classement des victoires
Tour de France

5 victoires

Jacques Anquetil 1957, 1961, 1962, 1963, 1964
Eddy Merckx 1969, 1970, 1971, 1972, 1974
Bernard Hinault 1978, 1979, 1981, 1982, 1985
Miguel Indurain 1991, 1992, 1993, 1994, 1995

4 victoires

Chris Froome 2013, 2015, 2016, 2017

3 victoires

Philippe Thys 1913, 1914, 1920
Louison Bobet 1953, 1954, 1955
Greg LeMond 1986, 1989, 1990

2 victoires

Lucien Petit-Breton 1907, 1908
Firmin Lambot 1919, 1922
Ottavio Bottecchia 1924, 1925
Nicolas Frantz 1927, 1928
André Leducq 1930, 1932
Antonin Magne 1931, 1934
Sylvère Maes 1936, 1939
Gino Bartali 1938, 1948
Fausto Coppi 1949, 1952
Bernard Thévenet 1975, 1977
Laurent Fignon 1983, 1984
Alberto Contador 2007, 2009
Tadej Pogacar 2020, 2021
Jonas Vingegaard 2022, 2023

À Charles Aerts
Bien Cordialement en souvenir
de mes Victoires dans les Tours de France
1911-13-14-20